Heiner Müller · Optisches Differenzierungs- und Konzentrationstraining

BERGEDORFER FÖRDERPROGRAMME 4

Die „Bergedorfer Förderprogramme" sind eine Schriftenreihe aus dem Bereich der Pädagogik und Sonderpädagogik.

Da Leistungsausfälle in den verschiedensten Bereichen oft ihre Ursachen in dem Ausfall einzelner Grundfähigkeiten haben, ergibt sich die Notwendigkeit, gezielte Förderprogramme mit praxisorientierten Hinweisen und Anleitungen zu entwickeln.

In den Einzelschriften der „Bergedorfer Förderprogramme" werden daher theoretische Erkenntnisse und praktische Erfahrungen in ganz speziellen Bereichen so aufbereitet, daß sie ohne große Schwierigkeiten in die Praxis umgesetzt werden können.

Die „Bergedorfer Förderprogramme" sollen für alle, die mit der Gestaltung von Fördermaßnahmen befaßt sind, eine Hilfe sein.

Heiner Müller

Heiner Müller

Optisches Differenzierungs- und Konzentrationstraining

Die Erarbeitung skriptographischer Begriffe als propädeutischer Lese-, Schreib- und Mathematikunterricht

Grafik: Hans-Guenther Friebe

Verlag Sigrid Persen
Horneburg/Niederelbe

Verlag und Vertrieb: Sigrid Persen, Postfach 260, D-21637 Horneburg

6. Auflage 1998.

ISBN 3-921809-01-0

Inhaltsverzeichnis

VORWORT 7

TEIL I
Theoretische Überlegungen 9

1. Konzeption 9
2. Skriptographische Begriffe 10
3. Nichtverbale Arbeitsanweisungen 10
4. Propädeutischer Lese-, Schreib- und Mathematikunterricht 11
5. Überprüfung der optischen Differenzierungsfähigkeit 13
6. Allgemeine Hinweise zur Erarbeitung 15
7. Lösungskontrolle mit Schablonen 17

TEIL II
Durchführung des Programms 18

Vorbemerkungen 18
1. Groß – klein 19
2. Ähnliche gegenständliche Abbildungen ordnen: gleich – verschieden 20
3. Dick – dünn / breit – schmal 24
4. Paarweises Vergleichen: lang – kurz / weit – dicht 25
5. Suchbilder 29
6. Rund – eckig 31
7. Gerade – krumm 33
8. Zuordnung: Muster und Form – gleich oder verschieden 35
9. Mengenerfassung bis drei bei gleichartigen Elementen 41
10. Ähnliche gegenständliche Abbildungen, über das ganze Blatt verteilt, heraussuchen und kennzeichnen 45
11. Details in gleichen Positionen 45
12. Je zwei gleiche Abbildungen finden 50
13. Zuordnung: gleiches Muster (gleiche Details) – gleiche Form 52
14. Gleiche Umrisse 53
15. Links – Rechts – Orientierung 57
16. Visuomotorische Koordinationsübungen 65
17. Offen – geschlossen / gerade – gewellt / rund – eckig 67
18. Waagerecht – senkrecht 69
19. Oben – unten / links – rechts 72
20. Fehlendes ergänzen 75
21. Folgen 84
22. Gleiche gegenständliche Abbildungen oder Zeichen, angeordnet in Zeilen, aus ähnlichen heraussuchen und kennzeichnen 86

23. Details suchen 87
24. Fehler finden – Was ist anders? 91
25. Waagerecht – senkrecht – schräg 93
26. Symmetrie 98
27. Muster legen 99
28. Flächenpropädeutik 105
29. Druckbuchstaben 106
30. Verzerrte Druckbuchstaben 113
31. Ähnliche Buchstaben und Buchstabengruppen in Schreibschrift 113
32. Ähnliche Buchstabenteile, Zeichen, Buchstaben und Zahlen 116
33. Oberlängen von Druckbuchstaben 120

LITERATURVERZEICHNIS 123

Vorwort

Dieses Programm geht in seinen Ursprüngen zurück auf Arbeitsmaterialien, die zuerst in meiner Referendarzeit vor 12 Jahren an mich herangetragen wurden. Daher möchte ich an dieser Stelle meiner ehemaligen Seminarleiterin, Frau Dörte Arp, meinen Dank sagen.
Mein Dank gilt auch dem Grafiker Herrn Hans-Guenther Friebe für seine unendliche Geduld und seine vielen gestalterischen Anregungen, die in das Programm während einer ständigen, über vier Jahre sich erstreckenden Zusammenarbeit eingeflossen sind.
Schließlich trug Herr Dr. Anton Ottmann durch seine Hinweise zur Verwendung und Gestaltung von nichtverbalen Anweisungen und zur Erweiterung des Programms durch eine Fülle von Differenzierungsmöglichkeiten und die Einbeziehung von in der Mathematik gebräuchlichen Darstellungsweisen von Arbeitsaufgaben wesentlich zur Abrundung des Programms bei. Hierdurch ergab sich die Erweiterung zu einem propädeutischen Mathematikunterricht aus dem bereits vorliegenden Material wie von selbst.
Weitere Anregungen kamen aus verschiedenen im Literaturverzeichnis genannten Werken, wurden neu gestaltet und in das Gesamtkonzept einbezogen.
Eigene Umweltbeobachtungen – sei es der Mosaikfußboden zu Hause oder am Urlaubsort Ziegenhagen oder seien es die »Hausmarken« (Persönlichkeitsmerkmale und Eigentumsmarken) aus Ostfriesland im Schloß und Heimatmuseum Jever – reicherten das Programm mit zahlreichen eigenen Ideen an.
In mehrjähriger Arbeit in der Grund- und Sonderschule sowie im Vorschulbereich wurde das vorliegende Förderprogramm entwickelt und erprobt sowie mehrmals überarbeitet. Alle 256 »Arbeitsblätter zur optischen Differenzierung«, die ebenfalls im Verlag Sigrid Persen, Hamburg, als Kopiervorlagen im Format DIN A4, bestehend aus drei Mappen, erschienen sind, wurden in diesem Werk abgebildet. Trotz der Fülle des vorliegenden Materials läßt sich das Thema nicht ganz abschließen. So soll das vorliegende Programm auch dazu dienen, Anregungen zur Entwicklung weiterer Ideen zu geben.

Hamburg, im August 1981 — Heiner Müller

TEIL I

Theoretische Überlegungen

1. Konzeption

Nach verschiedenen Untersuchungen (vgl. *Breuer/Weuffen* 1977; *Teumer* 1977) besteht ein Zusammenhang zwischen Differenzierungsfähigkeit und Schulleistungen, insbesondere im Lesen und in der Rechtschreibung.

Das Hauptanliegen dieses Programms ist die Verbesserung der optischen Differenzierungsfähigkeit. In Anlehnung an *Breuer/Weuffen* (1977) wird der Begriff »optische Differenzierung« für das »Erkennen von sichtbaren Unterschieden« *(Breuer/Weuffen* 1977, S. 12) verwendet. Der Begriff »visuelle Differenzierung« wird häufig synonym verwendet. Die Bedeutung dieses Bereiches wird von der Lernforschung *(Gagné* 1973) sowie durch Erfahrungen aus der Unterrichtspraxis (vgl. u. a. *Angermaier* 1974; *Kanter* 1973; *Straub* 1974) immer wieder bestätigt. Auch in den Richtlinien und Lehrplänen (vgl. Hamburger Richtlinien 1974 und 1975; Richtlinien und Lehrpläne von Nordrhein-Westfalen 1973) finden sich Hinweise zur Behandlung dieses Komplexes im Unterricht von Vorschulen, Grund- und Sonderschulen. Es ist zu beachten, daß sich die optische Differenzierungsfähigkeit nie isoliert, sondern nur schwerpunktmäßig unter Einbeziehung anderer Bereiche – integriert in die einzelnen Tätigkeiten im Kindergarten oder in Unterrichtsfächer – und mit sprachlicher Begleitung trainieren läßt. Weitere Übungsbereiche sind daher (Grob- und Fein-)Motorik und Sprachförderung, hier insbesondere das Lernen skriptographischer Begriffe, sowie Konzentration.

Definitionen: Skriptographische Begriffe sind Begriffe, die dazu dienen, Schriftzeichen zu beschreiben.

Konzentration ist das »aufmerksame Gerichtetsein auf bestimmte zentrierende Erlebnisinhalte (Gedanken, Wahrnehmungen) unter Ausschaltung äußerer oder innerer Störungen« *(Hehlmann* 1964, S. 296).

Aber nicht nur bei Leistungsausfällen und Entwicklungsrückständen in den genannten Bereichen, sondern auch als vorbeugende Fördermaßnahme oder als vorbereitendes und begleitendes Programm für einzelne Unterrichtsfächer, z. B. Deutsch (insbesondere Lesen und Schreiben) oder Mathematik sollte dieses Programm durchgeführt werden (vgl. Kapitel I/4).

Der günstigste Zeitpunkt für die Entwicklung der optischen Differenzierungsfähigkeit ist nach *Breuer/Weuffen* (1977, S. 51) das letzte Vorschuljahr. Der Einsatzbereich des Programms umfaßt daher Schulkindergärten, Vorschulen, aber auch Grundschulen und Anfangsklassen von Sonderschulen verschiedener Sparten und kann sich – je nach Thematik – über einen Zeitraum von ca. drei bis vierJahren erstrecken. Die Verwendungsmöglichkeit der Arbeitsblätter mit Schablonenkontrolle (vgl. Kapitel I/7) reicht sogar bis zum 7./8. Schuljahr.

2. Skriptographische Begriffe

Bei der Entwicklung dieses optischen Differenzierungstrainings, das zur Differenzierung von Buchstaben und Zahlen hinführen soll, wurden Zeichen bzw. Formelemente aus Buchstaben entnommen, gekoppelt mit skriptographischen Begriffen:

a) *geometrische Formelemente:* Gerade, Parallele, Winkel, Dreieck, Halbkreis, Kreis, (Schnitt-)Punkt, Ellipse; symmetrisch; (alle darstellbar an Flächen);

b) *»fließende« Formelemente:* Schleife, Bogen, Wellenlinie;

c) *bewegungsmäßig nachvollziehbare, durch Lage und Richtung bestimmte Formelemente:* auf/ab, hinauf/hinunter, um . . . herum, zurück, schräg; oben/unten, links/rechts, waagerecht/senkrecht; dazu gehören
mehrfach bestimmte Richtungs- und Lagemerkmale: links oben, rechts unten, in der Mitte links unten usw.;

d) *abstrakte Formqualitäten:* groß/klein, dick/dünn, rund/eckig, offen/geschlossen, breit/schmal, gerade/krumm, oval, spitz usw.

e) *durch mehrere Merkmale bestimmte komplexe Formqualitäten:* ähnlich/verschieden, gleich/nicht gleich usw.;

f) *konkrete Formqualitäten:* eiförmig, birnenförmig usw.;

g) *Häufigkeit von Merkmalen:* bei Schriftzeichen ist eine simultane Mengenerfassung bis zu drei gleichen Elementen in gleicher Anordnung erforderlich, z. B. bei m und n (drei senkrechte Striche, sog. »Beine« – zwei senkrechte Striche), B und D (zwei kleine Bögen, sog. »Bäuche« – ein großer Bogen), F und E (zwei waagerechte Striche, sog. »Arme« – drei waagerechte Striche).

Diese Aufzählung geht vom äußeren Erscheinungsbild von Buchstaben und Zeichen aus. Es kam vor allem darauf an, die mögliche Formenvielfalt auch begrifflich weitgehend zu erfassen. Dabei sind auch andere Einteilungen möglich. Überschneidungen gibt es durch Merkmalskoppelungen der einzelnen Bereiche untereinander, so sind z. B. abstrakte Formqualitäten auch gegenständlich und in verschiedener Häufigkeit darstellbar. Sicherlich wird nicht immer eine eindeutige und klare begriffliche Beschreibung durchführbar sein.

Die Begriffe gelten dann als angeeignet, wenn diese richtig, d. h. sinngemäß angewendet werden können. Zur Verbalisierung ist es dann nur noch ein kleiner Schritt. Neben dem Aspekt der Sprachförderung ist die Nutzbarmachung der erarbeiteten Begriffe, deren Beherrschung sich wiederum auf die Differenzierungsfähigkeit auswirkt, im Bereich der Mathematik von Bedeutung. Ausführliche Hinweise zur Erarbeitung von Begriffen mit Bezug zur Mathematik finden sich bei *Ottmann* (1979 a).

3. Nichtverbale Arbeitsanweisungen

Bei der Gestaltung der Arbeitsblätter wurden sehr häufig nichtverbale Anweisungen verwendet. Sofern diese bei Einzelblättern entfallen, lassen sich diese selber leicht eintragen. Dadurch können gleiche Arbeitsblätter auf verschiedene Art und Weise,

vorgegeben durch unterschiedliche nichtverbale Anweisungen, gelöst werden.
Als nichtverbale Anweisungen fungieren Pfeile und Linien, Symbole wie Scheren und Bleistifte sowie das beispielhafte Lösen von Aufgaben durch Anmalen, Numerieren (nur bei Ziffernkenntnis sinnvoll), Ankreuzen bzw. Durchstreichen, Einkreisen und das Zuordnen im Rechteckschema (Matrix).
Für die Verwendung von nichtverbalen Anweisungen sprechen folgende Gründe:
1. Unabhängig von sprachlichen Fähigkeiten (Sprachverständnis) können die Aufgaben selbständig gelöst werden, was zu Erfolgserlebnissen führt und die Motivation stärkt.
2. Da die Anzahl der Lösungsmöglichkeiten reduziert wird, ermöglichen sie eine sofortige Bearbeitung ohne große »Reibungsverluste«, d. h. ohne große Anlaufzeit und entmutigende anfängliche Fehler.
3. Besonders in Klassen oder Gruppen mit verhaltensschwierigen, unruhigen Kindern wirkt es sich nach den Beobachtungen des Verfassers günstig aus, daß verbale Erklärungen entfallen, da in diesen mehr oder weniger langen Abschnitten mündlicher Arbeit möglicherweise aufkommende Unruhe vermieden wird.
4. Mit nichtverbalen Anweisungen lassen sich leicht Abstufungen im Schwierigkeitsgrad durch die Art der Bearbeitung oder durch die Anzahl der zu lösenden Aufgaben erreichen.
Ausführliche Hinweise zur Gestaltung von nichtverbalen Anweisungen bei mathematischen Aufgaben sowie eine ausführlichere Darlegung der dabei auftretenden Probleme in Ausländerklassen, die aber auch weitgehend für Grund- und Sonderschulklassen gültig sind, finden sich bei *Ottmann* (1979 a).
Zu beachten ist noch, daß auch das Lesen nichtverbaler Anweisungen gelernt werden muß. Obwohl dieses mehr von der Intelligenz als von der Sprache abhängig ist (vgl. *Ottmann* 1979 a, S. 143 f.), ergaben sich hierbei nach den Erfahrungen des Verfassers in der Schule für Lernbehinderte – von extremen Ausnahmen einmal abgesehen – keine größeren Schwierigkeiten. Dieses Lernziel kann wegen der Einfachheit der Darstellung, durch die Beschränkung auf wenige Anweisungs»typen« und die in der Art ständig sich wiederholenden nichtverbalen Anweisungen relativ rasch erreicht werden. Zusätzliche Hilfen können vom Lehrer leicht noch gegeben werden, wenn bei den Angaben von Farben diese auch in die Blätter hineingemalt werden. Als Hilfe genügt bereits ein ganz kurzer Strich oder dicker Punkt mit einem Filzstift in entsprechender Farbe.

4. Propädeutischer Lese-, Schreib- und Mathematikunterricht

Entsprechend der Konzeption (vgl. Kapitel I/1) ergeben sich für drei große Lernbereiche grundlegende Lernvoraussetzungen, und zwar für
1. Lesen,
2. Schreiben und
3. Mathematik.

Zu 1.) Wichtige Voraussetzungen des Lesens sind die Kenntnis der einzelnen Buchstaben, die (optische und phonematische) Differenzierung ähnlicher Buchstaben (bzw. Laute) und die richtige Zuordnung eines Lautes zu einem bestimmten Buchstaben. Die Beherrschung von skriptographischen Begriffen ist ebenfalls grundlegende Voraussetzung für den erfolgreichen Leselehrgang. Dabei kommt es in erster Linie auf die richtige Anwendung der Begriffe an (vgl. Kapitel I/2).

Zu 2.) Der Schreiblehrgang verläuft weitgehend parallel zum Leselehrgang. Durch die richtige motorische Reproduktion von Buchstaben kommt man zum Schreiben. Das Üben von feinmotorischen Bewegungsmustern (nach grobmotorischen Vorübungen) und deren Verinnerlichung (hinauf/hinunter, nach links/nach rechts) schafft die Voraussetzungen für den Schreiblehrgang. Dem Nachvollzug dieser Bewegungen kommt grundlegende Bedeutung zu.

Zu 3.) Mit Hilfe des vorliegenden Programms werden Mengenerfassung (bis drei gleichartige Elemente), geometrische Flächen, Reihenbildung (Folgen), Rechteckschema (Matrix), Zahlensymbolerfassung, Klassifikationsfähigkeit, Zuordnungen, Ordnungsrelationen, Symmetrie und topologische Grundbegriffe im Sinne eines propädeutischen Mathematikunterrichts geübt. Grundlegende Ausführungen hierzu finden sich bei *Ottmann/Heidtmann/Stumpf* (1980).

5. Überprüfung der optischen Differenzierungsfähigkeit

Durch eine entsprechende Auswahl von Arbeitsblättern des vorliegenden Programms oder einzelner Abschnitte daraus ließe sich leicht ein Grobausleseverfahren zur Ermittlung der optischen Differenzierungsfähigkeit konstruieren. Weitere Verfahren finden sich bei *Breuer/Weuffen* (1977) und *Grunwald* (1979). Es wird aber bewußt darauf verzichtet, den ohnehin schon zahlreich vorhandenen Tests noch einen weiteren hinzuzufügen; denn die Entwicklung eines Tests steht oft in keinem Verhältnis zu dessen Nutzen.

Als *eine* Möglichkeit zur Erfassung der optischen Differenzierungsfähigkeit wird hier das Screening-Verfahren von *Grunwald* (1979, S. 102/103) angeführt, um zu zeigen, wie ein derartiges Überprüfungsverfahren aussehen könnte:

	Anzahl der falschen Lösungen
1. Grundfarben erkennen (Material: Mengenplättchen) 1.) schwarz ☐ 2.) weiß ☐ 3.) rot ☐ 4.) blau ☐ 5.) grün ☐ 6.) gelb ☐	☐
2. Nachbauen von Würfelmustern (Material: Gleiche Quadrate aus einem Mengenkasten oder selbstgefertigte Quadrate aus Pappe von etwa 3 cm mal 3 cm.) Anweisung: Die Muster werden dem Kind seitenrichtig zu seinem Gesicht vorgebaut. Das Kind soll die Muster genauso nachbauen. Die Art der Falschlösungen wird im Protokoll notiert. 1.) 2.) 3.) 4.) 5.) 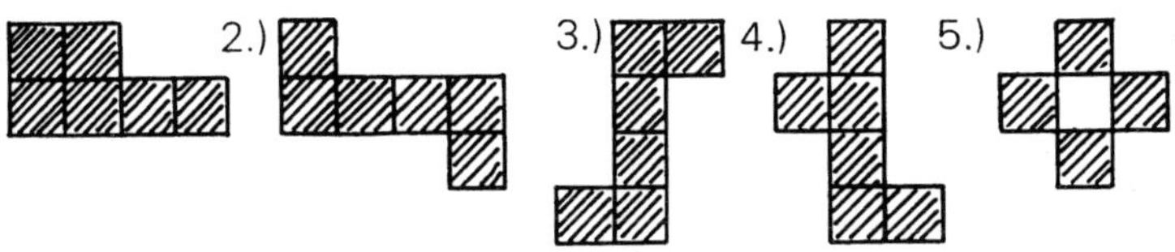	☐

3. Nachzeichnen von Symbolen
   (Auf dieser Seite auszuführen.)
   a) Seitenorientierung
   b) Lageveränderung von Linien
   c) Flächenumrisse

Anzahl der falschen Lösungen

a) b) c)

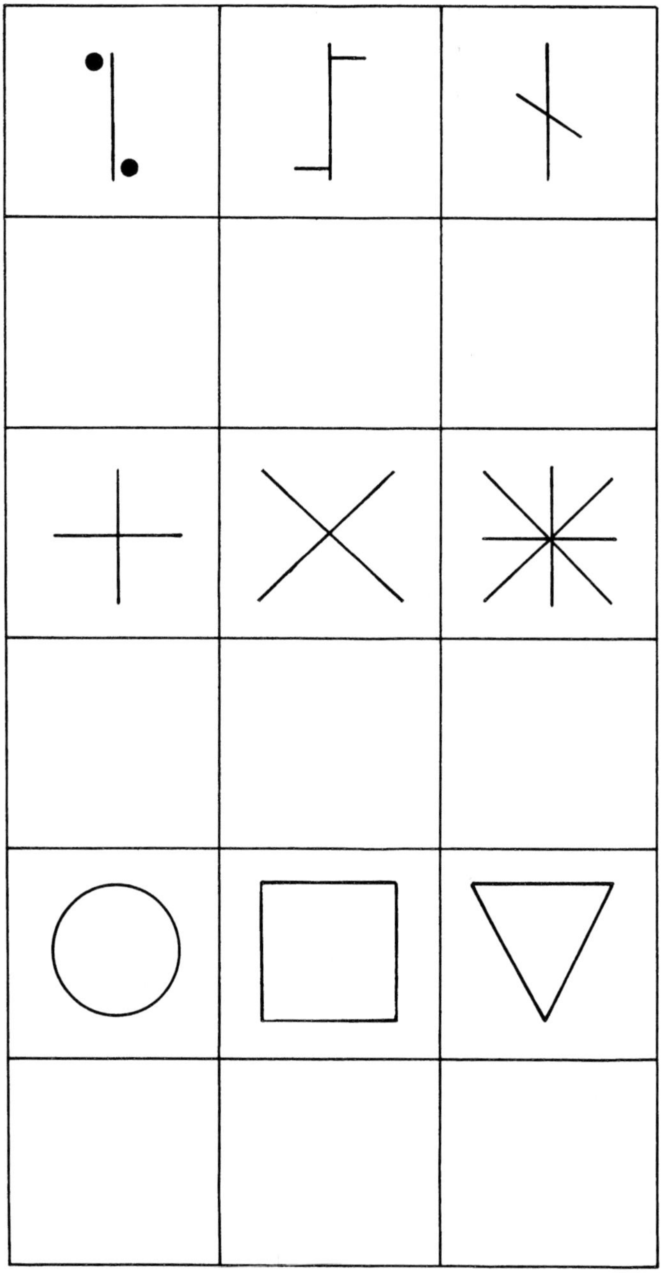

6. Allgemeine Hinweise zur Erarbeitung

Die vorliegenden Arbeitsblätter bieten jedem Kind viele Möglichkeiten, die ihm gemäßen Aufgaben zu bearbeiten. Dabei ist der Begriff »Programm« nicht zu eng auszulegen. Es handelt sich nicht um ein bis in alle Einzelheiten vorgeschriebenes Programm, bei dem Blatt auf Blatt folgt, sondern um ein flexibel zu handhabendes Programm, (fast) an beliebiger Stelle zu unterbrechen und an anderer Stelle wieder fortsetzbar, innerhalb der Themenabschnitte abgestuft im Schwierigkeitsgrad. Andere bereits bestehende Programme, z. B. zur Wahrnehmungsförderung, sollen nicht ersetzt, sondern im Bereich der optischen Differenzierung ergänzt werden. Verbindungen zwischen optischen und phonematischen Differenzierungsübungen finden sich bei *Schäfer* (1978) und *Fackelmann* (1976) sowie in zahlreichen Fibeln.

Beginnend mit Einzelarbeit, sollte möglichst schnell in kleinen Gruppen bzw. im Klassenverband gearbeitet werden. Dabei kann – je nach individuellen Lernvoraussetzungen – variiert werden durch

1. die Auswahl entsprechender Blätter (d. h. es sollen *nicht* alle Blätter in einem Lehrgang bearbeitet werden!) innerhalb eines Themenabschnittes (wenige Abbildungen – leicht; viele Abbildungen in einer Zeile – schwieriger),
2. die Gestaltung der nichtverbalen Anweisungen und verbalen Hilfen am Anfang der Arbeit,
3. die Art der Bearbeitung (Anmalen, Schneiden, Kleben usw.) und
4. den Umfang der Aufgabe (z. B. die Anzahl der herauszusuchenden Zeichen pro Blatt).

Vor Beginn des Programms sind notwendige Arbeitstechniken zu üben. Dazu gehören Techniken des Anmalens, des Einkreisens und des Ausschneidens. Die bei den einzelnen Übungsblättern auftretenden Begriffe sollten soweit wie möglich anschaulich behandelt werden. Dabei ist wichtig, daß die charakteristischen Unterscheidungsmerkmale begrifflich herausgearbeitet werden. Vergleiche von ähnlichen Gegenständen oder Bildern (vgl. *Müller* 1981) bieten sich hierfür besonders an.

Um die Motivation zu erhalten, ist immer wieder auf den Wechsel der Arbeitsform zu achten. Es sollte nie mehr als ein Blatt pro Tag bearbeitet werden. Für die Bearbeitung sollen verschiedene Möglichkeiten aufgezeigt werden, die aber kein starres Schema darstellen:

1. Vorübungen mit konkreten Gegenständen oder Bildern zur Klärung der Begriffe.
2. Ankreuzen, Anmalen oder Umrahmungen (Kreise, Dreiecke, Quadrate) der Abbildungen, die bestimmte Merkmale aufweisen, in verschiedenen Farben.
3. Zuordnen der Abbildungen durch Striche.
4. Zeigen der Abbildungen (vorwiegend bei Einzelarbeit).

Bei den Blättern mit gegenständlichen Abbildungen können noch folgende Arbeitsmöglichkeiten einbezogen werden:

5. Ausschneiden von Einzeldarstellungen (nichtverbale Anweisung: Schere).
6. Ordnen nach bestimmten Merkmalen (z. T. mit Hilfe des Rechteckschemas).
7. Aufkleben der Einzeldarstellungen auf Zeichenblätter.

Oft empfiehlt es sich, die Arbeitsblätter in eine Plastikhülle zu stecken, die dann mit Filzstiften zu beschriften ist. So können Korrekturen leicht ausgeführt und die Übungen mehrmals unter verschiedenen Gesichtspunkten wiederholt werden. Wenn die Aufgabe sicher beherrscht wird, sollte das Blatt direkt bearbeitet werden. Die Lösungen sollten immer sofort besprochen und gegebenenfalls berichtigt werden. Übungen, bei denen Schwierigkeiten auftauchten, sollten in Einzelarbeit wiederholt werden.

Abschließend sei noch folgendes bemerkt: Wenn es sich anbietet, sollten die Kinder auch einmal ungestört anmalen dürfen (z. B. Blatt Nr. 41, 45, 47, 51). Hierbei können auch sonst leistungsschwächere Kinder erstaunliche Leistungen vollbringen und zu Erfolgserlebnissen kommen. Auch sollten spielerische Gelegenheiten oder Umweltbeobachtungen immer wieder aufgegriffen werden, um beim Erlernen der skriptographischen Begriffe Hilfestellungen zu geben.

7. Lösungskontrolle mit Schablonen

Arbeitsblätter, bei denen die Lösungskontrolle mit Schablonen vorgenommen werden kann, sind durch einen Stern (*) gekennzeichnet. Diese Blätter haben einen einheitlichen Aufbau: Sie enthalten immer acht verschiedene Zeichen (Buchstaben, Buchstabenteile oder Formelemente), die in regelmäßiger Anordnung über das Blatt verteilt sind. Insgesamt enthält jedes Blatt 120 Zeichen. Bei allen diesen Arbeitsblättern sind bestimmte Zeichen herauszusuchen und zu kennzeichnen (durch farbige Kreise, Kreuze o. ä.). Die herauszusuchenden Zeichen können an der Tafel vorgegeben oder benannt werden (wenn es sich um Buchstaben handelt und diese bekannt sind), oder die Anweisungen können auf dem Blatt nichtverbal gegeben werden.

Zur Lösungskontrolle gibt es acht verschiedene Schablonen auf vier Schablonenblättern, d. h. je zwei Schablonen (die zweite Schablone erhält man durch Drehen des Blattes) befinden sich auf einem Schablonenblatt. Zu jeder Schablone gehört eine bestimmte Anzahl von Lösungen:

Schablone Nr.	1/2	3/4	5/6	7/8
Anzahl der Lösungen:	12	14	16	18

Die unterschiedliche Anzahl der Lösungen ist eine zusätzliche Hilfe bei der Kontrolle. (Natürlich nur, wenn die Schüler so weit zählen können.)

Die Zeichen auf den Arbeitsblättern lassen sich mit folgenden Schablonen kontrollieren:

1. Zeile:	1. Zeichen	–	Schablone Nr. 6	(16x)
	2. Zeichen	–	Schablone Nr. 4	(14x)
	3. Zeichen	–	Schablone Nr. 7	(18x)
	4. Zeichen	–	Schablone Nr. 3	(14x)
	5. Zeichen	–	Schablone Nr. 5	(16x)
	7. Zeichen	–	Schablone Nr. 8	(18x)
	10. Zeichen	–	Schablone Nr. 2	(12x)
2. Zeile:	6. Zeichen	–	Schablone Nr. 1	(12x)

Die Schablonen können auch zur Selbstkontrolle (bei älteren Schülern) eingesetzt werden.

TEIL II

Durchführung des Programms

Vorbemerkungen

Das vorliegende Programm gliedert sich nach Art der Darstellungsweisen, Bearbeitungsmöglichkeiten und/oder nach bestimmten skriptographischen Begriffen in 33 Kapitel mit insgesamt 256 Arbeitsblättern, zwischen denen es viele Verbindungen gibt. Innerhalb der einzelnen Kapitel befinden sich zahlreiche Gruppen von Arbeitsblättern, in denen die Schwierigkeitsgrade variieren. Zum Ende eines jeden Kapitels werden weitere Hinweise zur Veränderung des Schwierigkeitsgrades gegeben.
Fast alle Blätter sind so angelegt, daß die Abbildungen von Gegenständen oder Zeichen in Zeilen angeordnet sind. Mit einem Abdeckblatt kann so Zeile für Zeile in Lese-/Schreibrichtung bearbeitet werden.
Zu Beginn einer Übungseinheit sollten Buntstifte bzw. Filzschreiber bereit liegen, ebenso Scheren, Klebe und Zeichenblätter, soweit erforderlich.

1. Groß – klein

Auf einem Blatt sind jeweils große und kleine Gegenstände aus der Umwelt des Kindes dargestellt (1).
(Anmerkung: Die Ziffern in Klammern beziehen sich auf die Nummern der »Arbeitsblätter zur optischen Differenzierung«, die den Nummern der Abbildungen in diesem Buch entsprechen.)
— Klärung der Begriffe »groß« und »klein«.
— Paarweises Zuordnen durch Doppelpfeile zwischen zwei entsprechenden Abbildungen.
— Alle großen Gegenstände werden in einer bestimmten Farbe angemalt (z. B. rot), alle kleinen in einer anderen (z. B. blau). Wenn mit Zuordnungspfeilen gearbeitet wurde, sollte ein neues Blatt verwendet werden.

Verschieden große Abbildungen von Gegenständen (Obst, Gemüse; fünf bzw. vier Abbildungen pro Zeile) sind in Zeilen angeordnet (2 – 5).
— Gleich große Abbildungen, wie am Anfang der Zeilen vorgegeben, sind in gleicher Farbe anzumalen (2).
— Die Einzelkärtchen sind auszuschneiden, der Größe nach zu ordnen und anschließend auf ein Blatt Papier zu kleben (3).
— Den Gegenständen sind Ziffern von 1 bis 4 zuzuordnen (von »klein« nach »groß«).

Variationen von Blatt Nr. 5:
— Bearbeitung nach verbalem Arbeitsauftrag (»Male die gleich großen Gegenstände rot an!«).
— Numerierung der Gegenstände von »klein« nach »groß« (wie Blatt Nr. 3) oder umgekehrt. Dabei taucht zweimal die gleiche Ziffer auf.
— Wegstreichen der Abbildungen anderer Größe oder Ankreuzen der gesuchten Formen.

Verschieden große Gegenstände (u. a. Spielzeug; sechs bzw. vier Abbildungen pro Zeile) sind in Zeilen angeordnet (6 – 8).
— Gleich große Abbildungen sind gleich anzumalen. In jeder Zeile sind zwei Abbildungen herauszusuchen (6).
— Den Abbildungen sind Ziffern von »klein« nach »groß« zuzuordnen (7).
— Die Einzelbilder sind nach dem Zerschneiden der Größe nach zu ordnen und auf ein Blatt Papier zu kleben (7).
— Variationen siehe Blatt Nr. 5 (8).

Je zwei verschieden große Kreise sind durch eine Linie verbunden (9).
— Die großen Kreise sind rot, die kleinen blau anzumalen.

In jeder Zeile sind je vier geometrische Figuren verschiedener Größe angeordnet (vgl. hierzu Kapitel II/28, »Flächenpropädeutik«) (10).

— Die Figuren sind der Größe nach von »groß« nach »klein« zu numerieren.

Allgemeiner Hinweis: Die Blätter Nr. 4, 9 und 10 eignen sich auch gut für die Einführung der mathematischen Zeichen »kleiner als« und »größer als« (<, >). Weitere Übungen zu den Begriffen »groß« und »klein« finden sich bei *Ottmann* (1979b, Mappe 3).

Der Schwierigkeitsgrad der Aufgaben läßt sich variieren durch

— die Anzahl der Abbildungen pro Zeile/Blatt,

— den Grad der Größenunterschiede (kleine Größenunterschiede erhöhen den Schwierigkeitsgrad).

2. Ähnliche gegenständliche Abbildungen ordnen: gleich – verschieden

Sechs Abbildungen von Fischen sind in zweierlei Variationen als Einzelbilder vorhanden. Im oberen Abschnitt des Blattes sind die beiden Fischarten in Verbindung mit je drei leeren Rechtecken abgebildet (11).

— Die Einzelbilder sind auszuschneiden, in die richtige Gruppe einzuordnen und dann aufzukleben. Dabei ist jeweils eine Alternativentscheidung (zum einen oder zum anderen Fisch passend) zu treffen (11).

Neun Abbildungen von Schmetterlingen sind in dreierlei Variationen als Einzelteile vorhanden. Die Zuordnungsfelder befinden sich im oberen Abschnitt des Blattes (12).

— Die Einzelbilder sind auszuschneiden, der richtigen Gruppe zuzuordnen und dann aufzukleben. Im Unterschied zu Blatt Nr. 11 ist bei Blatt Nr. 12 zwischen drei Möglichkeiten zu wählen.

Der Schwierigkeitsgrad variiert durch

— den Grad der Ähnlichkeit der Abbildungen,

— die Anzahl der Wahlmöglichkeiten,

— die Anzahl der Einzelbilder.

1

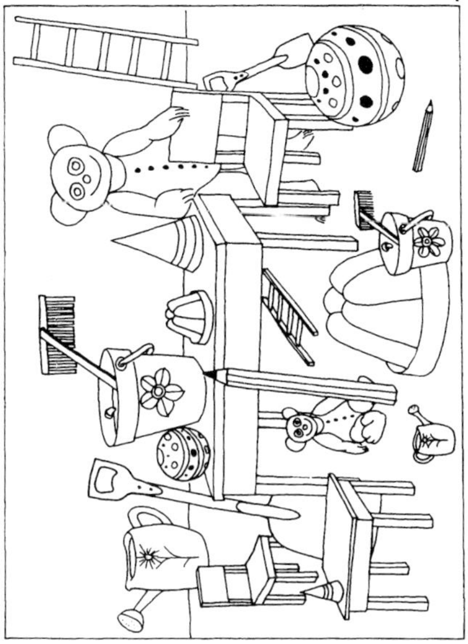

2

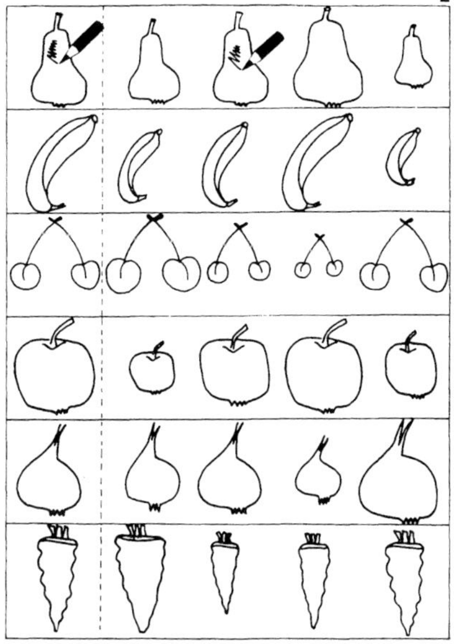

3

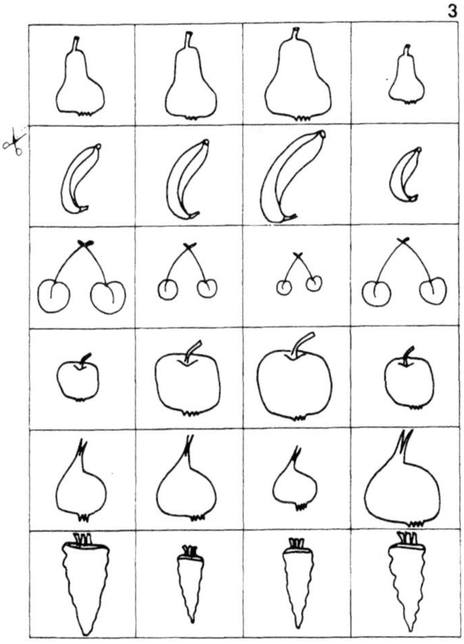

4

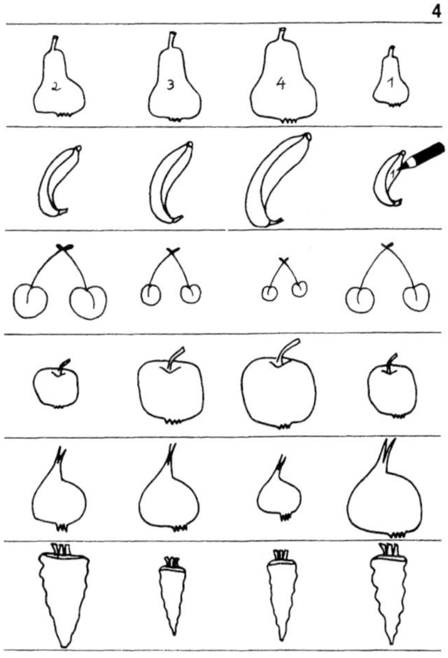

5

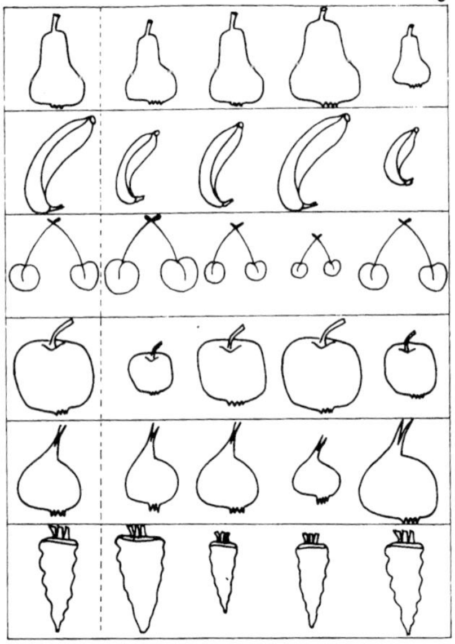

6

7

8

9

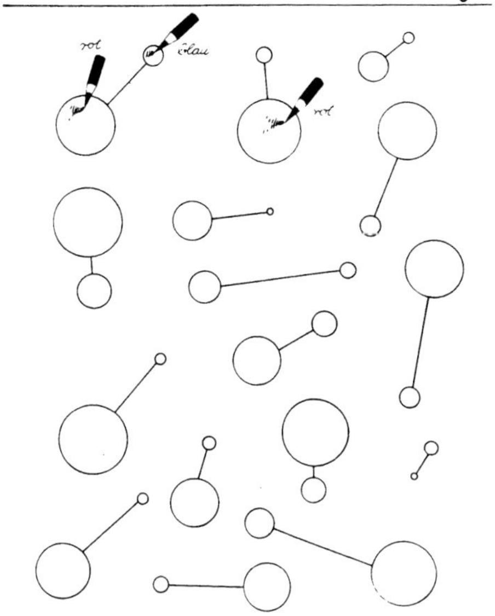

10

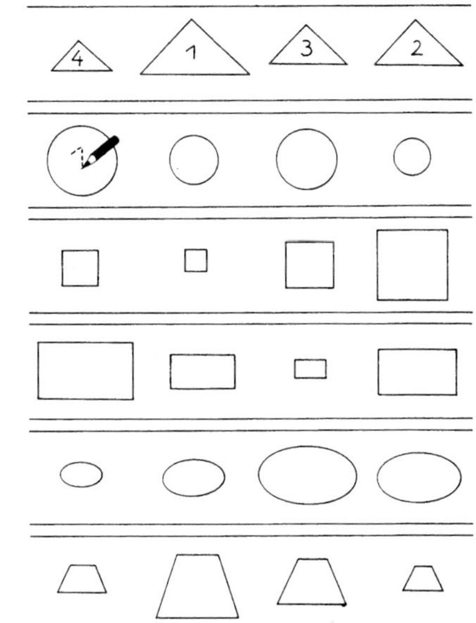

11

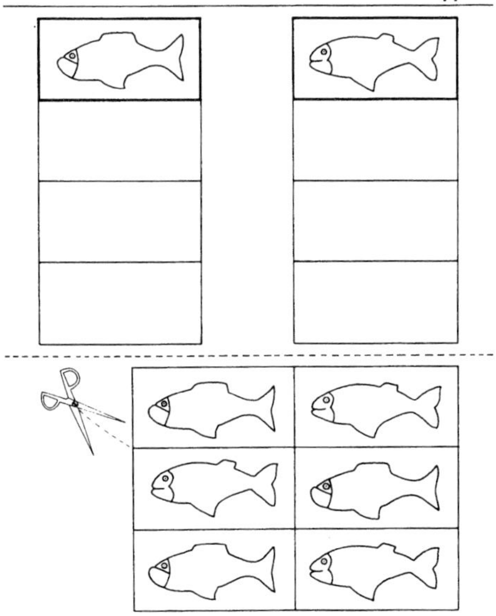

12

3. Dick – dünn / breit – schmal

Vier verschiedene Kleidungsstücke haben als Muster Punkte oder Streifen, die entweder dick oder dünn sind (13/14).
— Die Kleidungsstücke sind zu benennen.
— Gleiche Kleidungsstücke sind durch Striche zu verbinden (13).
— Die Muster der Kleidungsstücke werden erläutert. Dabei werden die Begriffe »dick« und »dünn«, »Punkt« und »Streifen« (»Linie«) verwendet. Es werden weitere Beispiele (konkrete Gegenstände) für »dick« und »dünn« gesucht.
— Die Abbildungen sind auszuschneiden, zu ordnen und aufzukleben (14/15).

In drei Abschnitten sind jeweils zwei verschiedene Geschirrarten in sechs verschiedenen Mustern abgebildet, die z.T. geometrischer Art sind (Kreise, Quadrate, Rechtecke, Dreiecke) oder Strichstruktur (gerade, gebogen, rund, eckig, gezackt) haben (16/17). Der enge Zusammenhang der Begriffe »dick/dünn« und »breit/schmal« mit den Begriffen »groß/klein« (vgl. Kapitel II/1) und »lang/kurz« (vgl. Kapitel II/4) wird bei den Blättern Nr. 16 und 17 deutlich.
— Gegenstände mit gleichem Muster sind durch Doppelpfeile zuzuordnen. Die Anzahl der Musterelemente spielt dabei keine Rolle, kann aber bei der Besprechung der Lösungen (»die Vase hat vier dünne Punkte/Kreise« – »der Krug hat fünf dünne Punkte/Kreise«) verwendet werden (16).
— Die Einzelteile sind abschnittweise und nach Art der Muster paarweise zuzuordnen und aufzukleben (17/18).
— Die Lösungen sind zu besprechen und durch die oben angeführten skriptographischen Begriffe zu erläutern.

Vier verschiedene Gegenstände (Geschirr) sind in zwei verschiedenen Ausdehnungen gegeben (19/20).
— Gegenstände gleicher Art werden durch Striche verbunden (19).
— In die Abbildungen werden Dreiecke eingezeichnet. Die eingezeichneten Figuren (hier: Dreiecke) passen sich dem unterschiedlichen Raum automatisch an. Dadurch wird die Entsprechung von »dick/dünn« und »breit/schmal« deutlich.

Variationen zu Blatt Nr. 20:
— Ausschneiden der Bilder und Ordnen des abgebildeten Gegenstandes.
— Einzeichnen verschiedener Muster (Rechtecke, Blumen).

In zwei Spalten sind jeweils acht verschiedene Felder mit Strich- und Punkt-(Kreis-)Mustern unterschiedlicher Ausdehnung (»dick/dünn«) abgebildet (21).
— Die zusammengehörigen Felder sind durch Pfeile zu verbinden.
— Die fehlenden Felder sind (zeichnerisch oder durch Aufkleben) zu verbinden.

Ein Muster mit einem breiten und einem schmalen Streifen und sechs verschiedene Einzelbilder sind vorgegeben (22).
— Die Einzelfelder sind auszuschneiden und entsprechend dem oberen Abschnitt einzuordnen (vgl. auch Kapitel II/27, »Muster legen«).

Der Schwierigkeitsgrad erhöht sich durch
— geringere Unterschiede der Größen,
— eine größere Anzahl der Abbildungen,
— größere Abstraktion der Darbietung.

4. Paarweises Vergleichen: lang – kurz / weit – dicht
In Doppelfeldern befinden sich jeweils ein kurzer und ein langer Strich (23).
— Felder mit einem langen Strich sind rot, Felder mit einem kurzen sind blau auszufüllen.

Kreise, die durch eine Linie verbunden sind, haben einen verschieden weiten Abstand von einer dicken Linie (24).
— Die Kreise, die dichter an der dicken Linie liegen, werden rot, dic weiter entfernten blau angemalt.

Der Schwierigkeitsgrad läßt sich erhöhen durch
— kleinere Unterschiede zwischen »kurz« und »lang« bzw. kleinere Abstände zwischen »weit« und »dicht«,
— eine größere Anzahl der Aufgaben.

13

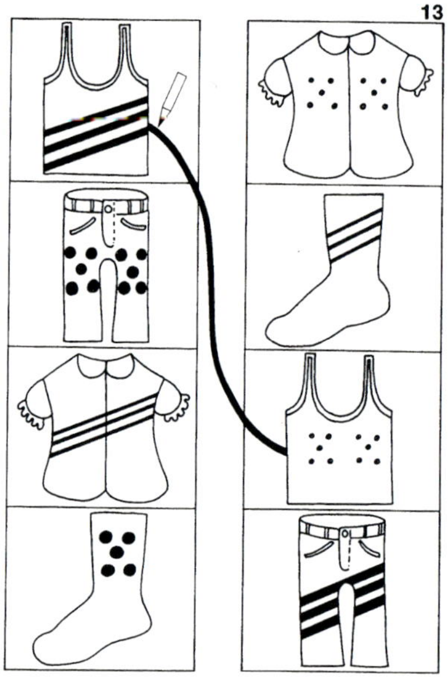

14

15

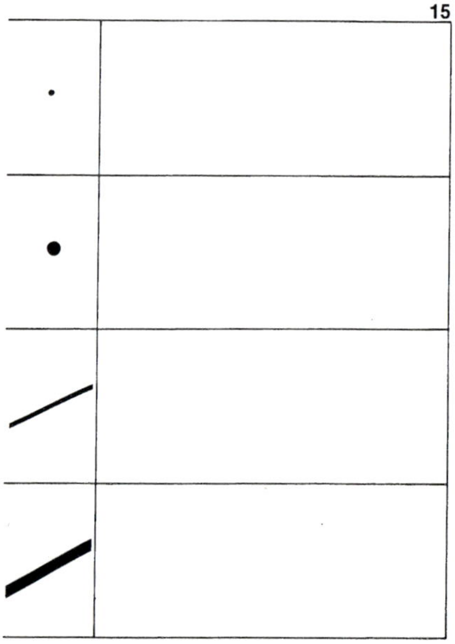

16

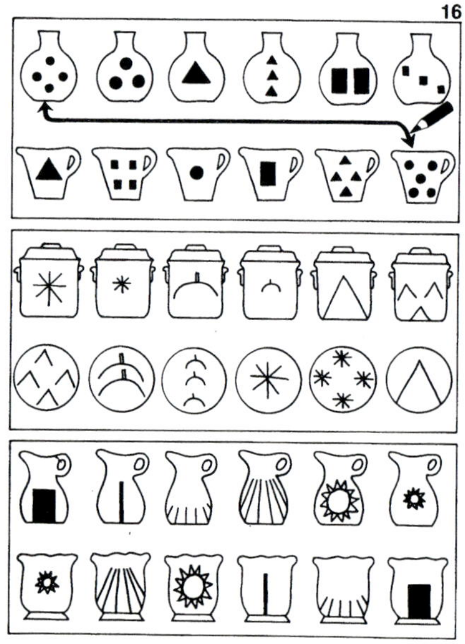

17

18

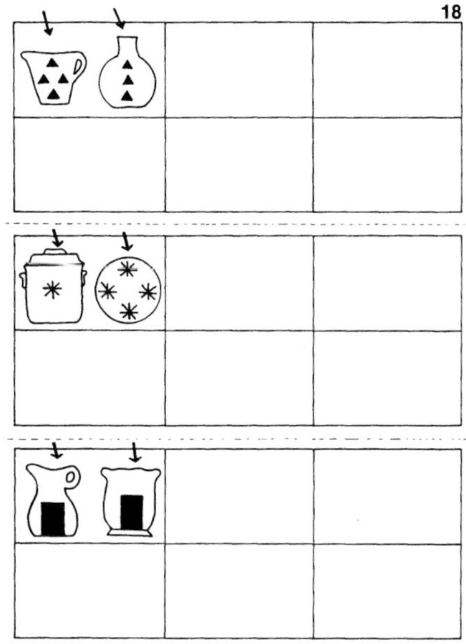

19

20

21

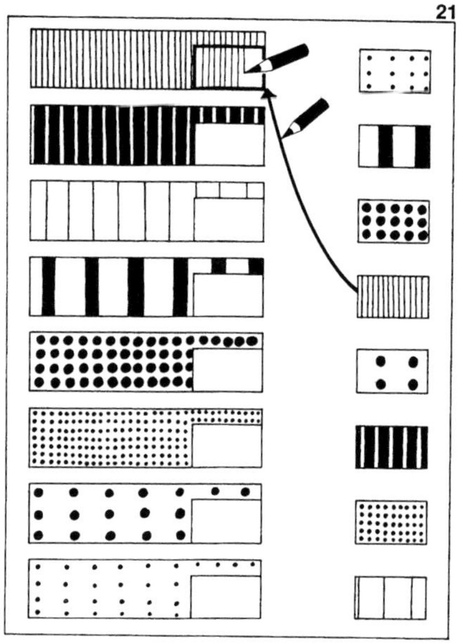

22

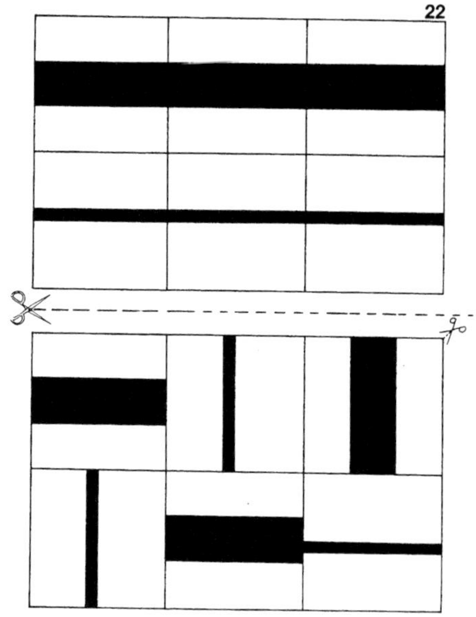

23

24

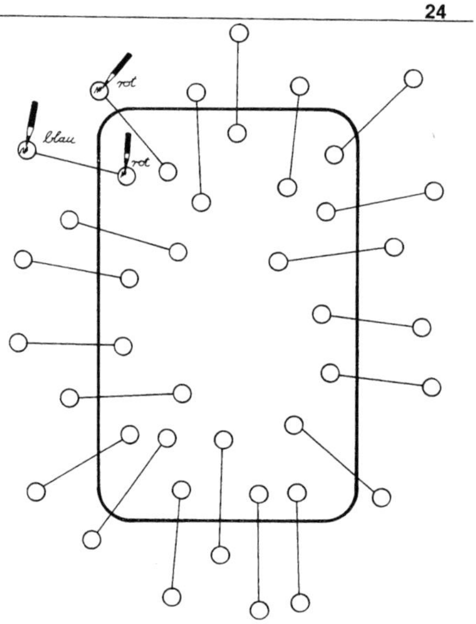

5. Suchbilder

Auf einem Bild sind verschiedene ähnliche Vögel abgebildet. Oberhalb und unterhalb des Bildes sind die Vögel noch einmal (in gleicher Stellung) als Einzelbilder vorhanden (25).
— Gleich aussehende Vögel werden miteinander durch Striche verbunden.
— Gleiche Vögel werden gleich angemalt.
Alternativ:
— Die Einzelbilder werden numeriert, ebenso die Vögel auf dem Bild.
— Die Position der Vögel auf dem Bild wird beschrieben (mehrfach bestimmte Positionen: links oben, in der Mitte oben usw.).

Verschiedene Gegenstände (Geschirr) sind ineinandergezeichnet. Am Rand sind diese Gegenstände noch einmal sowie einige weitere verkleinert aufgeführt (26).
— Aus den Einzelbildern am Rand sind die Darstellungen der nicht im Innenfeld vorhandenen Gegenstände zu streichen, die der vorhandenen anzumalen und die entsprechenden Abbildungen durch Doppelpfeile zu verbinden.

Drei verschiedene Tiere sind mit verschiedenen Umrissen (Striche, Kreuze, Punkte) gezeichnet (27).
— Die Umrisse sind mit einem Stift nachzufahren. Die Abbildungen treten dadurch deutlicher hervor.

Verschiedene Gegenstände sind durch unterschiedliche Begrenzungslinien (Striche, Kreuze, Punkte, Striche und Punkte) ineinandergezeichnet (28).
— Die unterschiedlichen Begrenzungslinien werden in verschiedenen Farben nachgefahren. Dadurch treten die Konturen der abgebildeten Gegenstände deutlicher hervor.

Bei der Bearbeitung der Blätter Nr. 27 und 28 ist neben der optischen Differenzierungsfähigkeit die visuomotorische Koordination von Bedeutung (vgl. Kapitel II/16).

Der Schwierigkeitsgrad variiert durch
— die Art der verwendeten Umrißlinien (Punkte, Striche usw.),
— die Anzahl der Abbildungen,
— den Grad der Ähnlichkeit der Abbildungen untereinander.

25

26

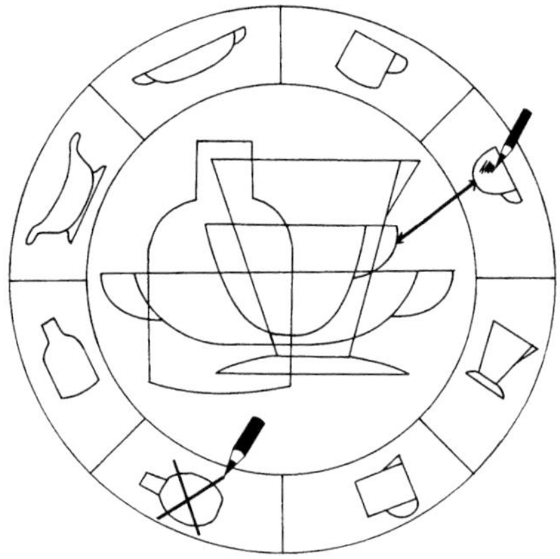

27

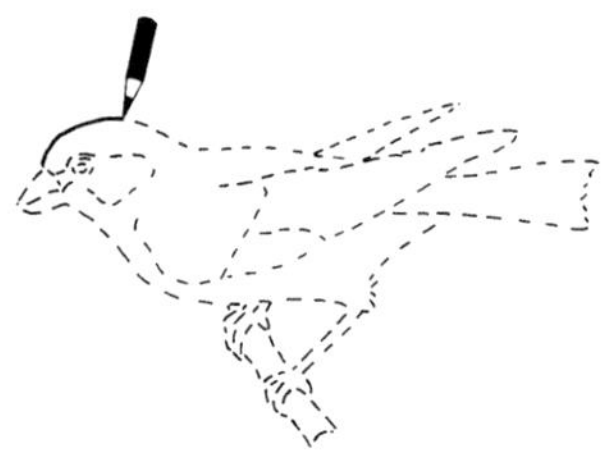

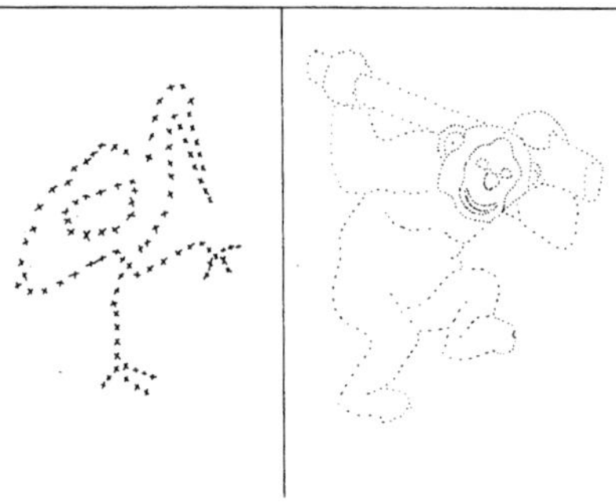

28

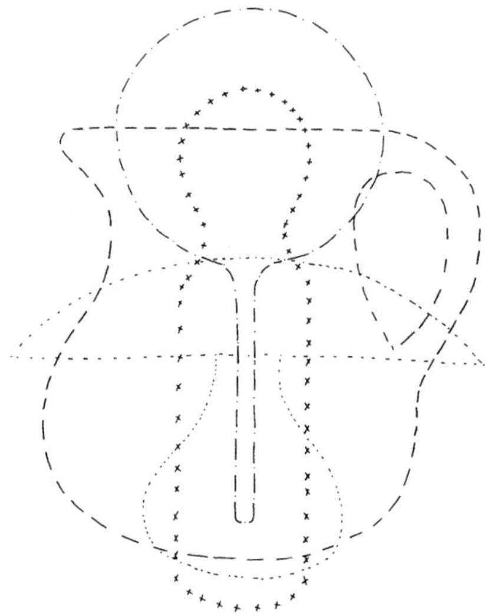

6. Rund – eckig

11 verschiedene runde oder eckige Gegenstände sind über ein Blatt verteilt. Jede Abbildung ist mit einem Kästchen/Schild versehen (29).

— Jedem Gegenstand wird das Symbol für »rund« (Kreis) oder »eckig« (Quadrat) zugeordnet.

24 Einzelbilder mit runden oder eckigen Gegenständen sind gegeben. Jeder Gegenstand kommt einmal in runder und einmal in eckiger Ausführung vor (30).

— Die Bilder werden besprochen. Entsprechende Gegenstände werden gleich angemalt.

— Die Einzelbilder sind auseinanderzuschneiden und dem richtigen Symbol zuzuordnen, wobei entsprechende Gegenstände nebeneinander stehen sollen. Eventuell sind aus Platzgründen von Blatt Nr. 31 jeweils zwei Exemplare zu verwenden (30/31).

— Bei vorhandener Lese – Schreibfähigkeit können zusätzlich die Begriffe »rund« und »eckig« neben die Symbole geschrieben werden (31).

— Das Blatt Nr. 30 wird doppelt gegeben, zerschnitten und als »Memory« verwendet.

Ein Fisch mit runden und einer mit eckigen Schuppen sowie dazugehörige Einzelkärtchen sind gegeben (32).

— Die Einzelkärtchen sind zu zerschneiden und wie die vorgegebenen Fische zusammenzusetzen.

Weitere Beispiele zum Bereich »Muster legen« finden sich in Kapitel II/27.

Der Schwierigkeitsgrad hängt ab von

— der Anzahl der Aufgaben je Arbeitsblatt,

— der Anzahl der Einzelabbildungen,

— der Ähnlichkeit der Abbildungen,

— der Art der Darbietung der Aufgaben.

29

30

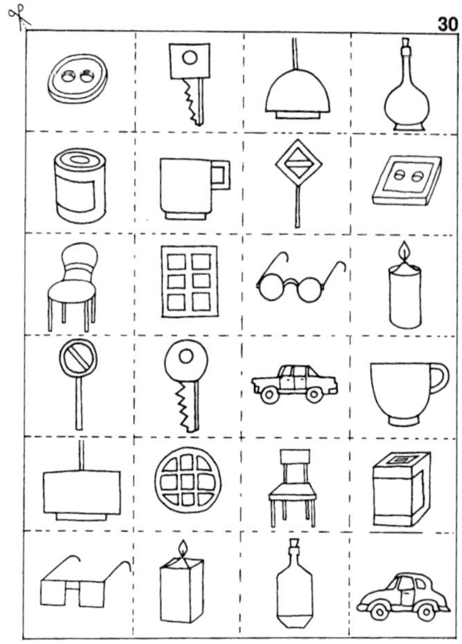

31

32

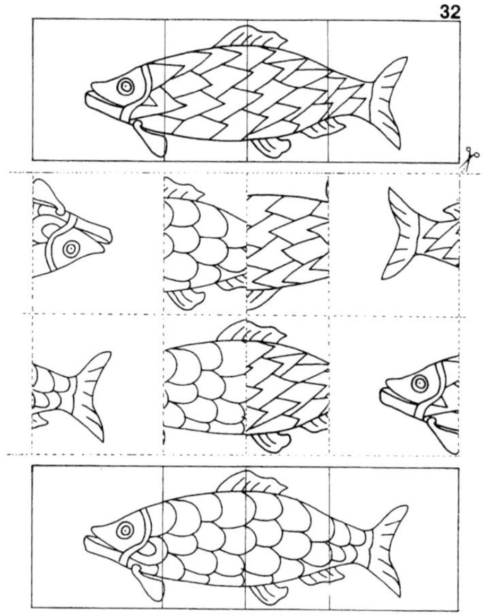

7. Gerade – krumm

12 verschiedene Gegenstände (gerade und/oder krumm) sind gegeben (33-36).
— Die Klärung der Begriffe »gerade« und »krumm« kann mit leicht verformbaren Gegenständen (aus Knetmasse oder Ton, Draht, Nadeln, Nägeln usw.) erfolgen.
— Die Einzelbilder werden zerschnitten und alle geraden (krummen) Gegenstände werden herausgesucht (33).
— Die Einzelbilder sind auszuschneiden und als »Memory« bzw. als »Gegensatz-Memory« zu verwenden (33).
— Gleiche Gegenstände mit gleichen (entgegengesetzten) Eigenschaften werden herausgesucht und zugeordnet (34 bzw. 35).
— Die Einzelbilder sind auszuschneiden und im oberen Abschnitt in die freien Felder einzuordnen. Dabei ist das Einteilungskriterium selber zu bestimmen (gleiche oder gegensätzliche Eigenschaften) (36).

Der Schwierigkeitsgrad variiert durch
— die Art der Aufgabenstellung bzw. der Bearbeitung,
— die Anzahl der Abbildungen,
— die Eindeutigkeit der dargestellten Eigenschaften (Grad der Annäherung von »gerade« und »krumm«).

33

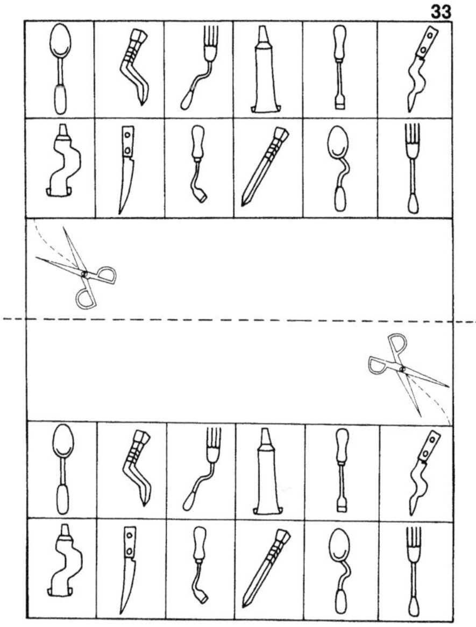

34

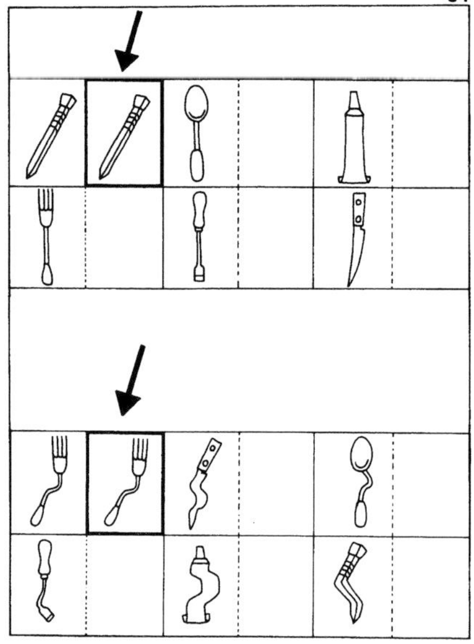

35

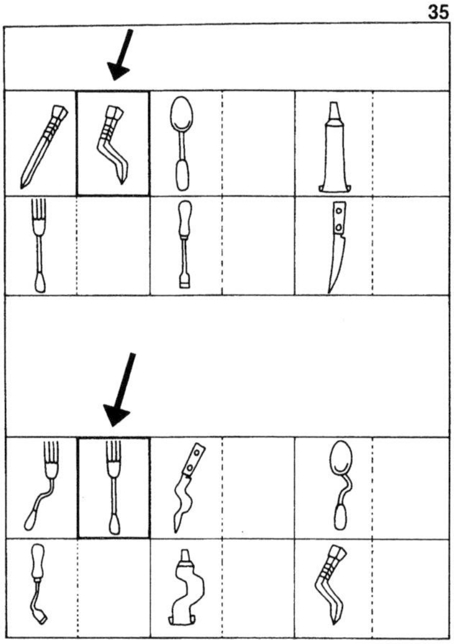

36

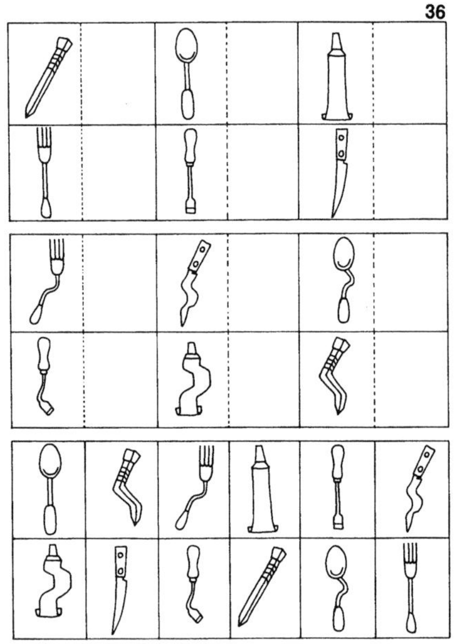

8. Zuordnung: Muster und Form – gleich oder verschieden

Drei verschiedene Gegenstände (Geschirr) mit je zweierlei Mustern sind abgebildet (37).
— Die Einzelbilder werden ausgeschnitten und nach Mustern geordnet (37/38).
— Die Einzelbilder werden in ein Rechteckschema (Matrix) eingeordnet (37/39).

Drei verschiedene Gegenstände (Geschirr) sind jeweils zweimal vorhanden. Dabei treten drei verschiedene Muster auf (40).
— Gleiche Formen sind mit roten Strichen zu verbinden.
— Gleiche Muster sind mit blauen Strichen zu verbinden.

In drei Abschnitten sind Gegenstände mit verschiedenen Mustern abgebildet (41).
— Gegenstände mit gleichem Muster sind zu verbinden.
— Die Gegenstände mit gleichem Muster sind gleich anzumalen.

Fünf verschiedene Gegenstände (Geschirr) sind in fünf verschiedenen Mustern vorgegeben (42).
— Formen mit gleichen Mustern werden gleich angemalt.

Vier verschiedene Gegenstände (Geschirr) sind in fünf verschiedenen Mustern vorhanden (43).
— Zwei Blätter werden in Einzelbilder zerschnitten und als »Memory« benutzt.
— Die ausgeschnittenen Bilder werden in ein Rechteckschema eingeordnet (43/44).

In drei Abschnitten sind jeweils zwei verschiedene Kleidungsstücke in jeweils sechs verschiedenen Mustern vorhanden (45/46).
— Kleidungsstücke mit gleichen Mustern werden durch Striche verbunden (45).
— Kleidungsstücke mit gleichen Mustern werden mit gleichen Farben angemalt (45).
— Zwei Exemplare des Blattes werden in Einzelbilder zerschnitten und als »Memory« benutzt (46).

Fünf verschiedene Taschen sind in sieben verschiedenen Mustern vorhanden (47).
— Das Blatt ist zu zerschneiden und kann, wenn es doppelt gegeben wurde, als »Memory« benutzt werden (47).
— Die Einzelbilder werden in das Rechteckschema eingeordnet (47/48).

Sechs verschiedene Taschen sind in sieben verschiedenen Mustern gegeben. In jeder Zeile fehlt bei einer Tasche das Muster (49).
— Das fehlende Muster ist zu ergänzen.
Zum Themenbereich »Fehlendes ergänzen« vergleiche Kapitel II/20.

Zehn bzw. neun Bildpaare sind gegeben. Bei einigen sind die Form und das Muster (bzw. Innenzeichnung) gleich oder die Form verschieden und das Muster gleich oder die Form gleich und das Muster verschieden (50/51).
— Die Bildpaare sind zu vergleichen und zu besprechen (50).
— Die Einzelbilder sind auszuschneiden und einzuordnen (51/52).
Die Symbole auf Blatt Nr. 52 bedeuten: »Form gleich – Muster gleich«, »Form verschieden – Muster gleich«, »Form gleich – Muster verschieden«. Die jeweilige Bedeutung kann gegebenenfalls zu den Symbolen hinzugeschrieben werden.
Die letzte Aufgabe ist in der Regel nur nach genauer Anweisung und Besprechung durchführbar und kann eventuell als Zusatzaufgabe mit höherem Schwierigkeitsgrad eingesetzt werden.

Der Schwierigkeitsgrad variiert durch
— Merkmalskoppelungen,
— die Art der Bearbeitung,
— die Anzahl der Aufgaben.

37

38

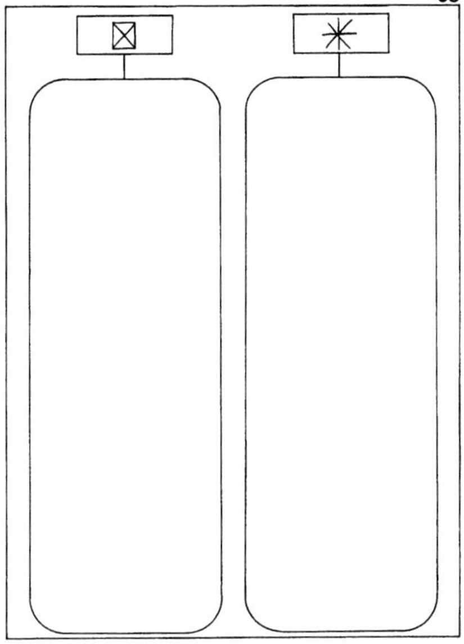

39

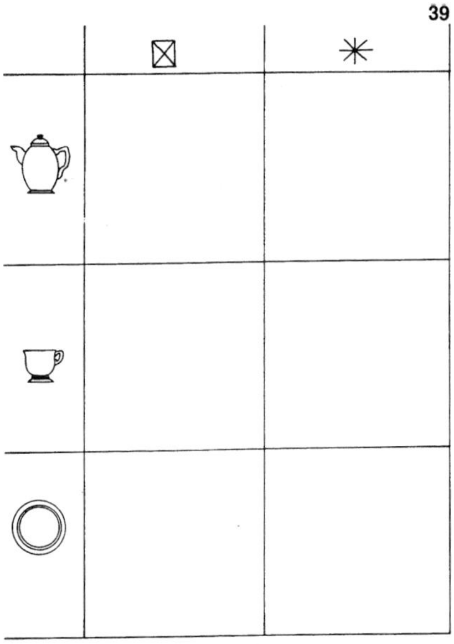

40

41

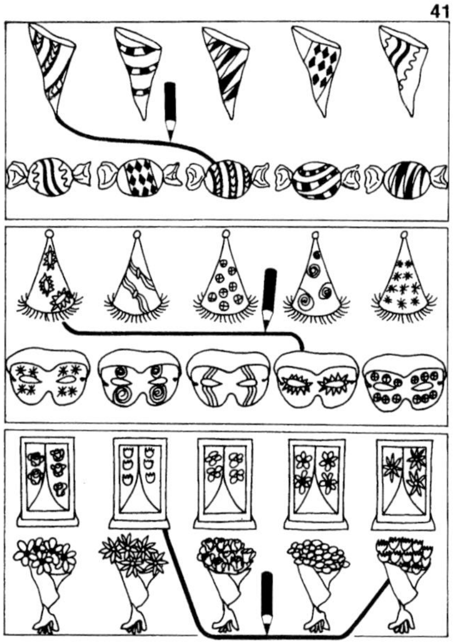

42

43

44

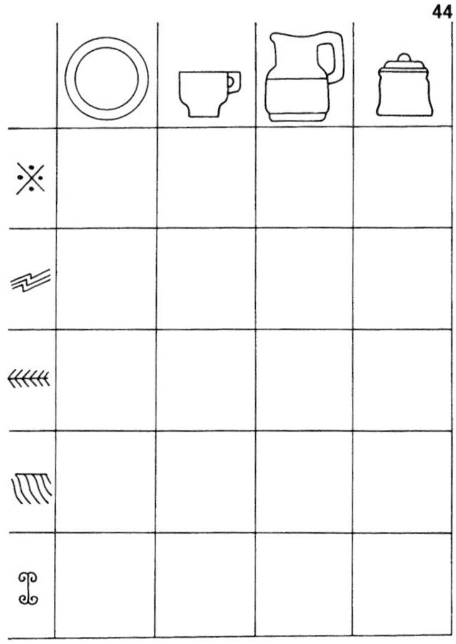

45

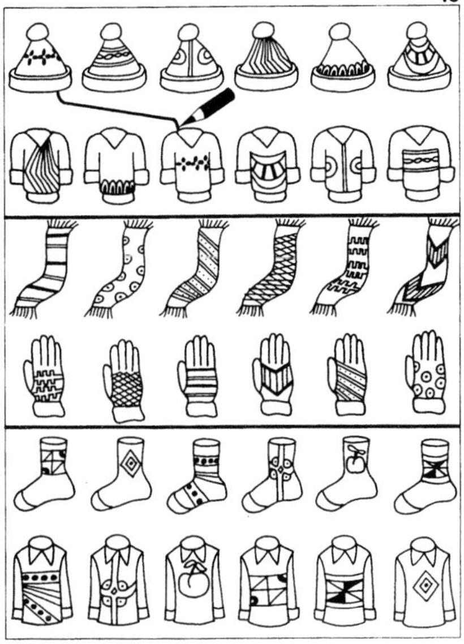

46

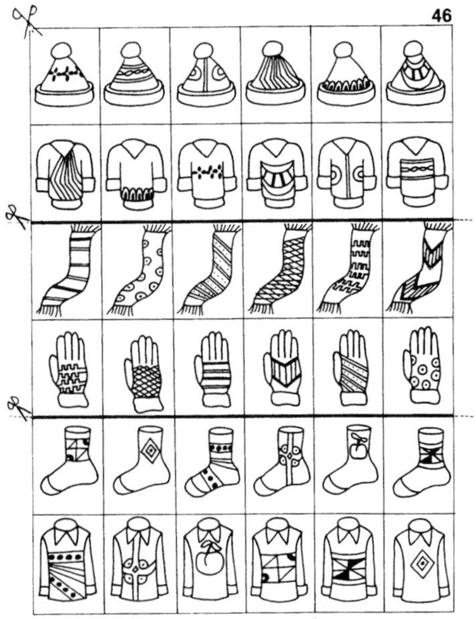

47

48

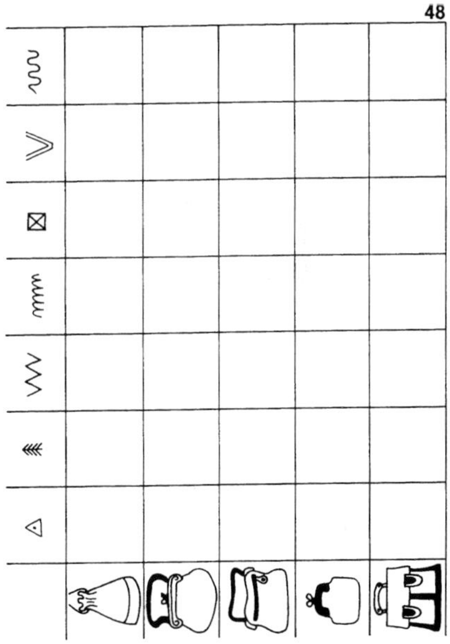

49

50

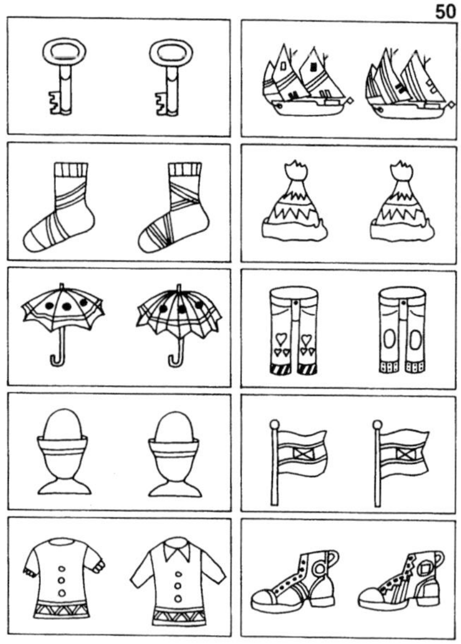

51

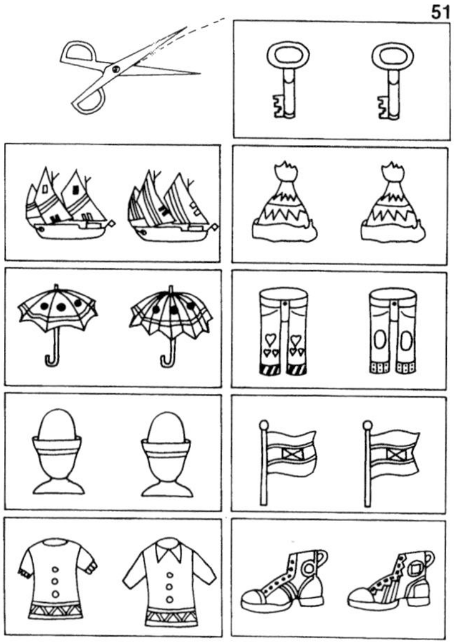

52

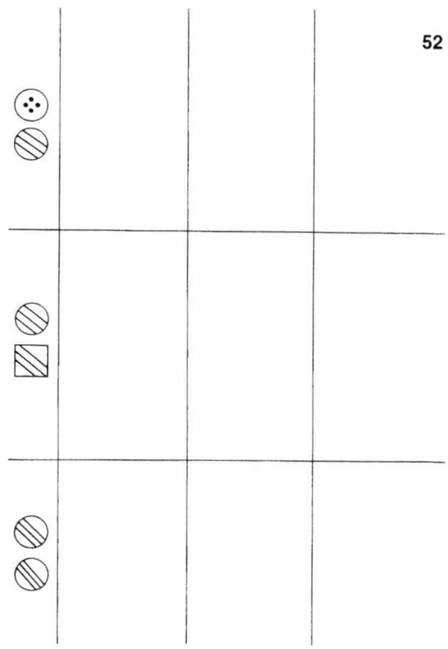

9. Mengenerfassung bis drei bei gleichartigen Elementen

Die simultane Mengenerfassung bis drei bei gleichartigen Elementen spielt bei zahlreichen Buchstaben eine Rolle (z. B. bei F, E; r, n, m; D, B; vgl. Kapitel I/2).

Im oberen und im unteren Abschnitt eines Blattes sind je vier Kästchen mit ein bis vier gleichartigen Elementen (Bleistifte) abgebildet (53).
— Den großen Kästchen im oberen Abschnitt sollen die kleineren, welche die gleiche Menge Elemente enthalten, zugeordnet werden. (Bei vier Elementen werden entweder zweimal je zwei oder einmal ein und einmal drei Elemente simultan erfaßt, oder die Elemente werden abgezählt.)

11 verschiedene gegenständliche Abbildungen sind je zweimal vorhanden (54).
— Immer je zwei gleichartige Elemente sind zu umkreisen.

11 verschiedene gegenständliche Abbildungen sind je dreimal vorhanden (55).
— Je drei gleichartige Elemente sind zu umkreisen.

13 Dreiergruppen (Kreuze) sind gegeben (56).
— Je drei zusammenliegende Kreuze sind zu umkreisen.

Drei verschiedene Gegenstände sind ein- bis dreimal in Kästchen eingetragen. Im oberen Abschnitt befindet sich ein Rechteckschema (mit doppelter Klassifikation: Art der Gegenstände und Anzahl der Gegenstände bis drei) (57).
— Die ausgeschnittenen Einzelbilder sind in das Rechteckschema einzuordnen.

Lange waagerechte und kurze senkrechte Striche (immer jeweils ein bis drei) sind auf Einzelkärtchen kombiniert abgebildet. Im oberen Abschnitt befindet sich ein Rechteckschema (ein bis drei kurze senkrechte und ein bis drei lange waagerechte Striche als Merkmale) (58).
— Die ausgeschnittenen Einzelbilder sind in das Rechteckschema einzuordnen.

Ein bis drei Punkte sind mit ein bis drei schrägen Strichen auf kleinen Einzelbildern zu Mustern kombiniert. Im oberen Abschnitt befindet sich ein Rechteckschema (Merkmale: ein bis drei Punkte und ein bis drei schräge Striche) (59).
— Die ausgeschnittenen Einzelbilder sind in das Rechteckschema einzuordnen.
Zu den Bereichen »waagerecht/senkrecht« und »waagerecht/senkrecht/schräg« vergleiche Kapitel II/18 und II/25.

Elemente aus der Druck- und Schreibschrift (Zacken, Schleifen, Bögen) kommen ein- bis dreimal auf Einzelbildern vor. Darüber befindet sich ein Rechteckschema mit den entsprechenden Merkmalen (60).
— Die ausgeschnittenen Einzelbilder sind in das Rechteckschema einzuordnen.

Gleichzeitig zu den vorstehenden Übungen sollte die simultane Mengenerfassung auch bei verschiedenartigen Elementen geübt werden, um die Verallgemeinerung der Mengeneigenschaft »gleiche Anzahl«, symbolisiert durch Zahlen, zu erreichen. Beispiele hierzu finden sich in allen gängigen Rechenbüchern. In Anbetracht der hier zu behandelnden Thematik wurde an dieser Stelle darauf verzichtet.

Der Schwierigkeitsgrad läßt sich variieren durch
— die Anzahl der identischen Elemente,
— die Ähnlichkeit der verwendeten Elemente,
— die Art der Bearbeitung,
— die Anzahl der Aufgaben.

53

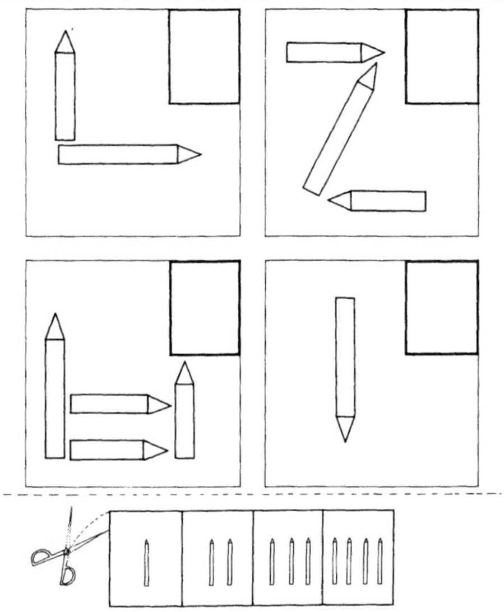

54

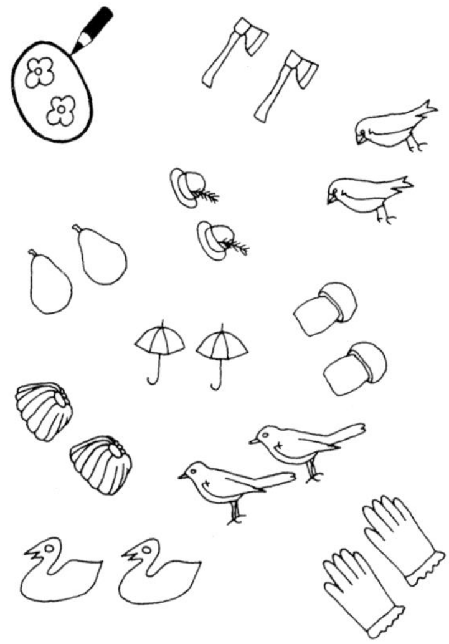

55

56

57

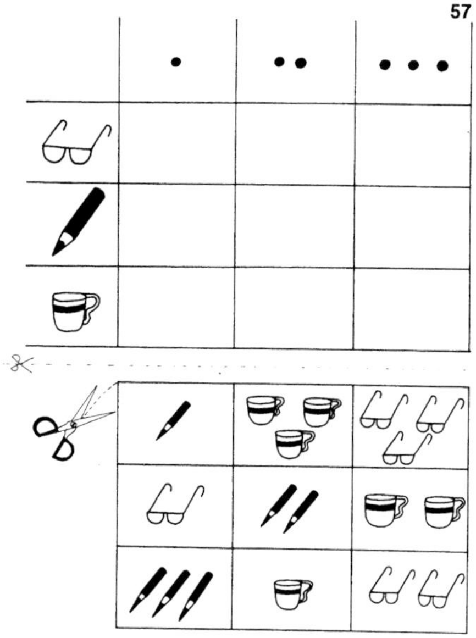

58

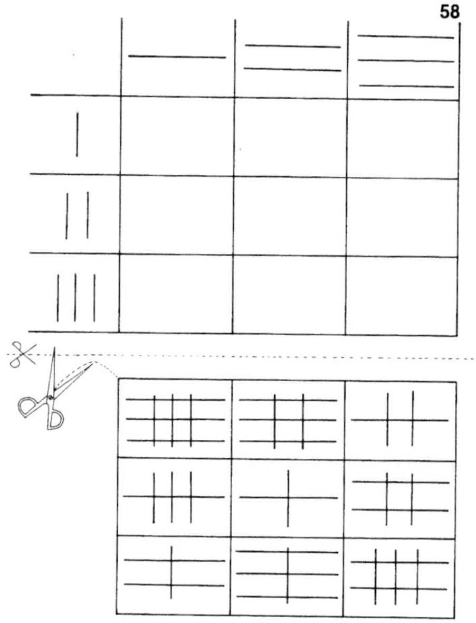

59

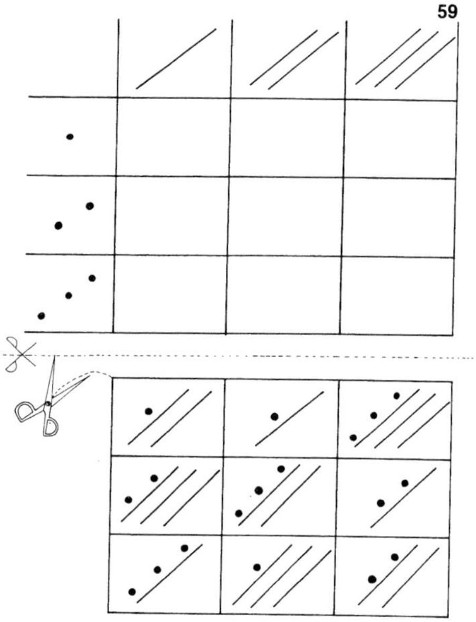

60

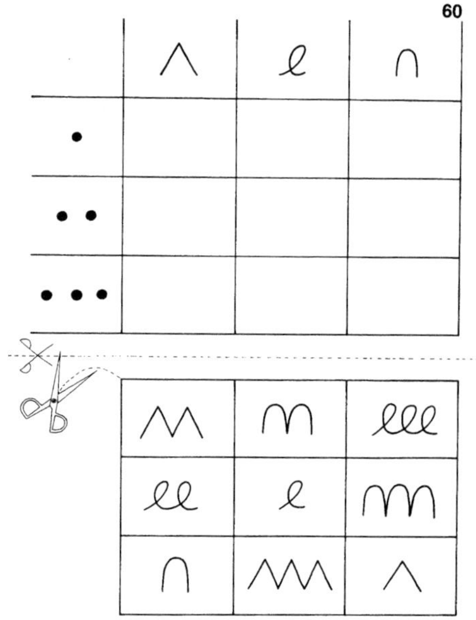

10. Ähnliche gegenständliche Abbildungen, über das ganze Blatt verteilt, heraussuchen und kennzeichnen

Eine einzelne Blume sowie neun weitere nebeneinander, darunter drei, wie oben vorgegeben, sind auf einem Blatt angeordnet (61).
— Die Blumen, die so aussehen, wie die oben vorgegebene, werden gleich angemalt.

Ein Huhn und 12 ähnlich aussehende Tiere (Hausgeflügel: Ente, Hahn), darunter fünf Hühner, sind auf einem Blatt abgebildet (62).
— Alle Hühner sind braun anzumalen.

Ein oben vorgegebenes schematisiertes Spielzeugauto und 12 weitere verkleinerte Autos sind auf einem Blatt angeordnet (63).
— Die Spielzeugautos, die dem oben vorgegebenen entsprechen, sind gleich anzumalen.

Drei verschiedene Flugzeuge sind mit Symbolen versehen. Diese Flugzeuge sind insgesamt im unteren Abschnitt zwölfmal, aber ohne Symbole vorhanden (64).
— Gleiche Flugzeuge erhalten gleiche Symbole.

Vier verschiedene Abbildungen (Obst bzw. Gemüse) sind insgesamt sechzehnmal abgebildet (65).
— Gleiche Abbildungen sind gleich anzumalen.

Für die Blätter Nr. 61 bis 65 sind alternativ Kennzeichnungen durch Anmalen, Symbole oder Umkreisungen möglich.

Eine Vielzahl verschiedener ähnlicher und gleicher Blüten ist über ein Blatt verteilt (66). (Anzahl der Blüten: obere Zeile, 1. Blüte – 12, 2. Blüte – 9, 3. Blüte – 10, 4. Blüte – 8; 2. Zeile, 1. Blüte – 11, 5. Blüte – 9)
— Gleiche Blüten sind gleich anzumalen.

Der Schwierigkeitsgrad läßt sich variieren durch
— die Anzahl der Abbildungen,
— die Vorgabe der herauszusuchenden Abbildungen in gleicher oder verschiedener Größe,
— den Grad der Ähnlichkeit der Abbildungen,
— die Anzahl der herauszusuchenden Abbildungen.

11. Details in gleichen Positionen

In einem vierteiligen Fenster im Dachgeschoß hängt im linken oberen Feld ein dreieckiger Fensterschmuck. Bei den übrigen Fenstern hängt in jedem Fensterfeld unterschiedlicher Fensterschmuck (67).
— Beschreibung der unterschiedlichen Positionen des dreieckigen Fensterschmukkes in jedem Fenster (»links unten«, »rechts oben« usw.).

— Der vorgegebene Fensterschmuck wird herausgesucht und angekreuzt, wenn er sich im linken oberen Feld befindet.
— Der Fensterschmuck wird angemalt.

In sechs Zeilen sind jeweils fünf verschiedene Zeigerstellungen angegeben (68).
— Zeiger in gleicher Position wie am Anfang der Zeile vorgegeben werden herausgesucht und angemalt.

In acht Zeilen sind jeweils fünf verschiedene Zeigerstellungen von zwei Zeigern angegeben (69).
— Zeigerstellungen in gleicher Position wie vorne vorgegeben werden herausgesucht und angemalt.

Zweimal neun Felder mit jeweils einem Dreieck in verschiedener Position sind abgebildet (70).
— Die unteren Felder sind auszuschneiden und jeweils auf diejenigen im oberen Abschnitt zu legen, bei denen sich das Dreieck in gleicher Position befindet.
Zum Themenbereich »Muster legen« vergleiche Kapitel II/27.

In 10 Zeilen sind jeweils sechs Kästchen angeordnet, in denen zwei waagerechte/senkrechte Striche in verschiedener Position eingetragen sind. Bei je einem Feld in der Zeile ist die Anordnung der Striche wie bei dem vorne vorgegebenen (71).
— Das Feld, dessen Striche so angeordnet sind wie bei dem Feld am Anfang der Zeile, ist anzukreuzen.

In 120 Feldern sind Punkte in acht verschiedenen Positionen eingetragen (72*).
Anmerkung: Blätter, bei denen die Lösungen mit Schablonen kontrolliert werden können, sind mit einem Stern versehen (vgl. Kapitel I/7).
— Felder mit gleicher Punktanordnung werden herausgesucht und gekennzeichnet.
— Die Lösungen können mit Schablonen kontrolliert werden.

Der Schwierigkeitsgrad variiert durch
— die Anzahl der Abbildungen pro Zeile/Blatt,
— die Anzahl der verwendeten Lagemerkmale,
— die Größe des Abstandes zwischen den einzelnen Positionen.

61

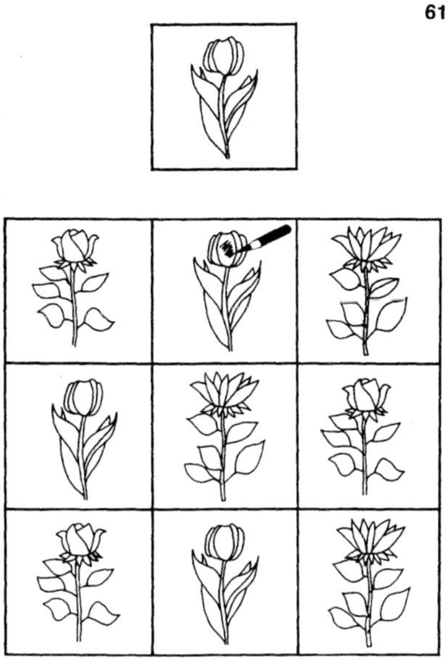

62

63

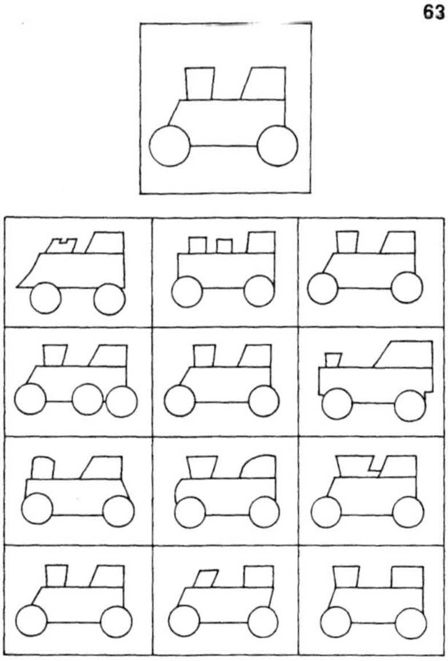

64

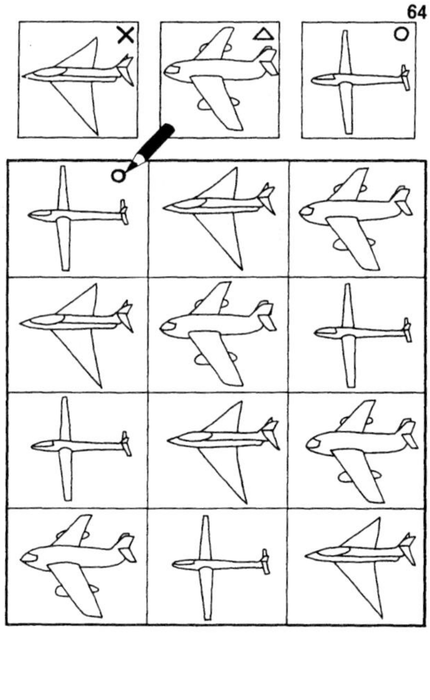

65

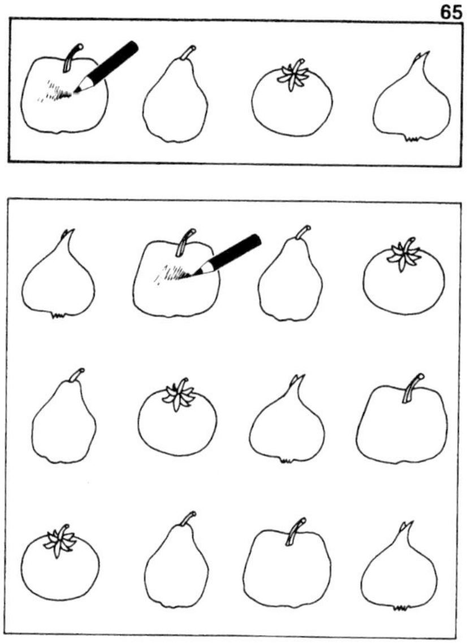

66

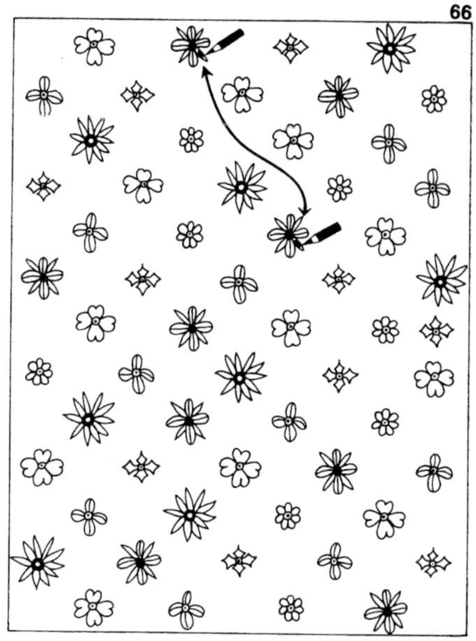

67

68

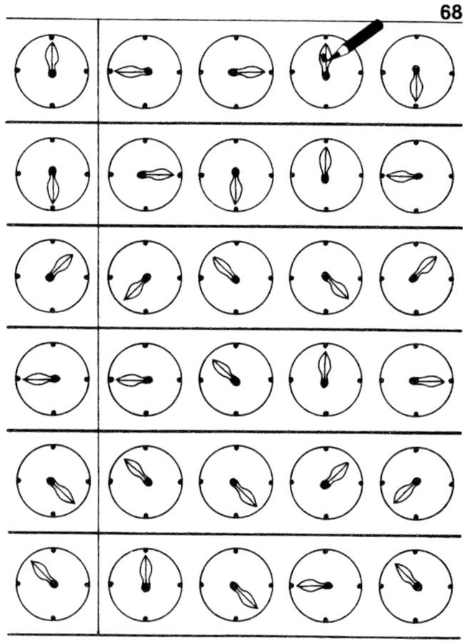

69

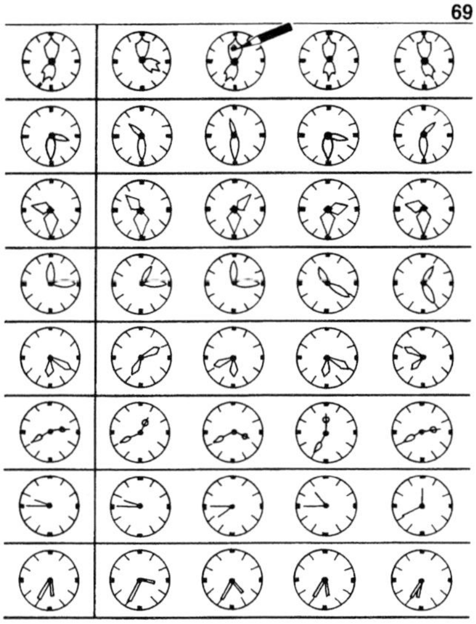

70

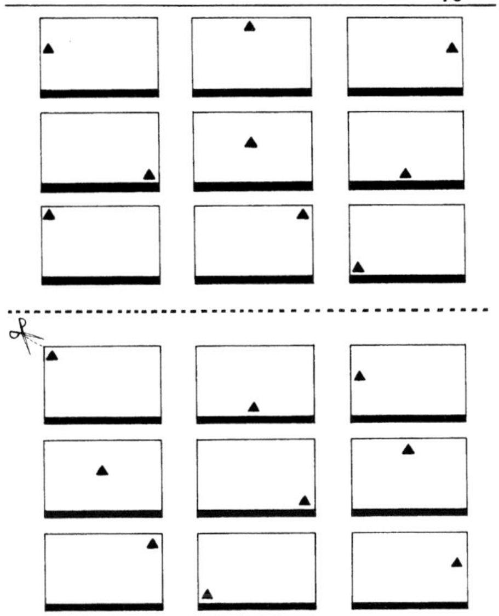

71

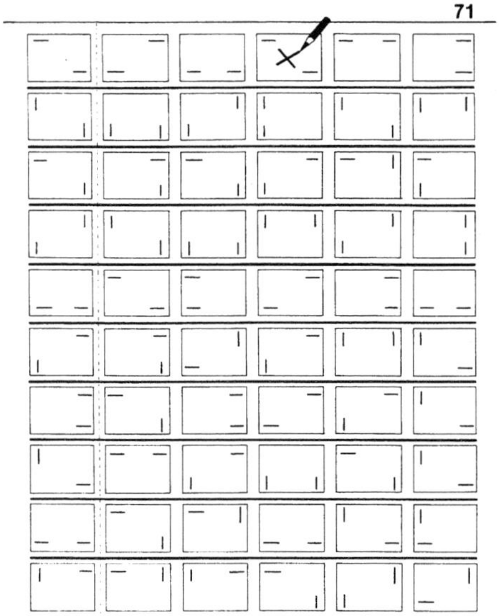

72*

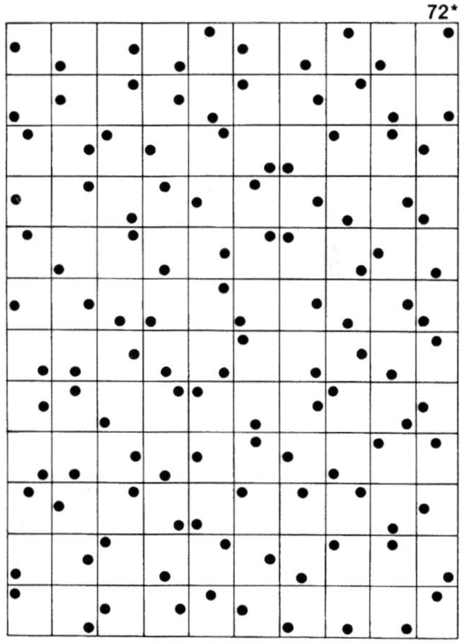

12. Je zwei gleiche Abbildungen finden

In sechs Zeilen sind jeweils fünf Abbildungen (im oberen Abschnit drei Zeilen mit Gesichtern, im unteren drei Zeilen mit Strichmännchen) angeordnet. In jeder Zeile befinden sich zwei gleiche Abbildungen (73).

Dic beidcn glcichcn Abbildungen, die in jeder Zeile vorhanden sind, sollen herausgesucht und durch Kreuze gekennzeichnet werden.
— Gleiche Abbildungen werden gleich angemalt (umkreist, durch Doppelpfeile verbunden).

Sieben verschiedene Zeichen sind je zweimal vorhanden und über das ganze Blatt verteilt (74).
— Je zwei gleiche Zeichen sind durch Doppelpfeile zu verbinden.

In sechs Zeilen sind jeweils fünf Zeichen vorhanden, wobei eines zweimal pro Zeile vorkommt. Die Zeichen bestehen aus mehreren gleichartigen Elementen (vgl. Kapitel II/9, »Mengenerfassung bis drei bei gleichartigen Elementen«) (75).
— Je zwei gleiche Zeichen pro Zeile sind zu umkreisen.

In neun Zeilen sind jeweils sieben Zeichen vorhanden (vgl. Blatt Nr. 75) (76).
— Je zwei Zeichen pro Zeile sind zu umkreisen.

Der Schwierigkeitsgrad läßt sich variieren durch
— die Anzahl der Abbildungen pro Zeile/Blatt,
— den Grad der Ähnlichkeit der Abbildungen.

73

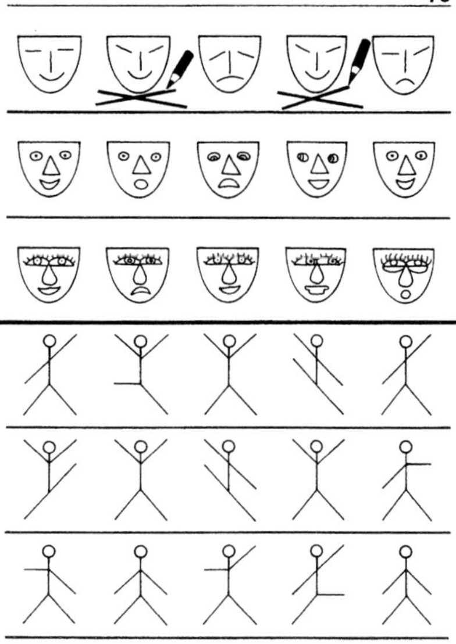

74

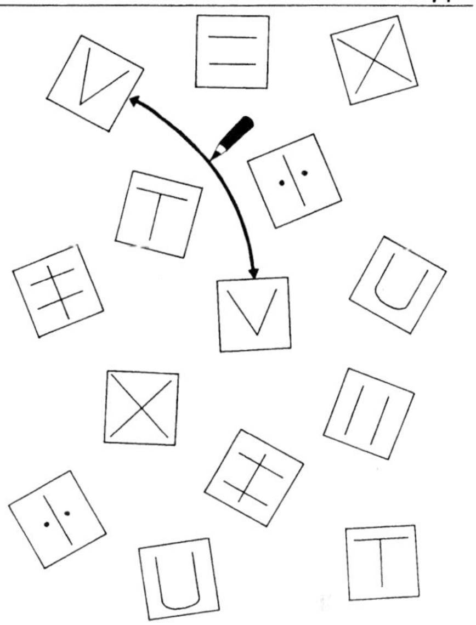

75

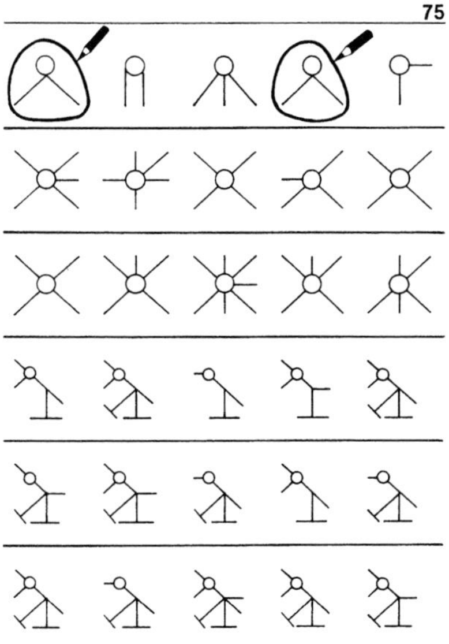

76

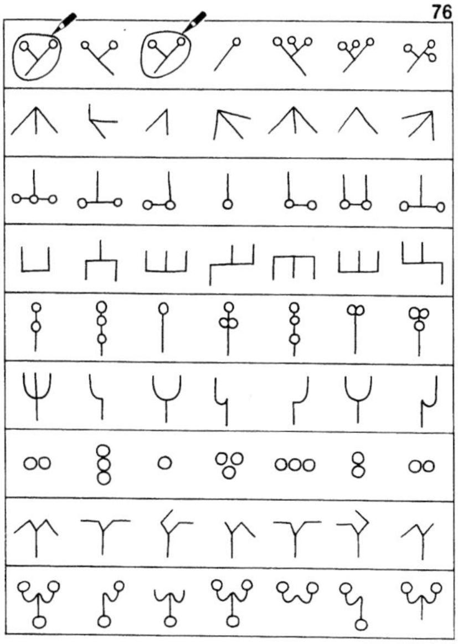

13. Zuordnung: gleiches Muster (gleiche Details) – gleiche Form

Sieben verschiedene Kraftfahrzeuge mit unterschiedlichen Rädern sind abgebildet. In einem großen Kreis in der Mitte befinden sich sieben Räder (77).
— Gleiche Räder sind durch Striche (oder Doppelpfeile) zu verbinden.
— Gleiche Räder sind gleich anzumalen.
— Die Abbildungen sind anzumalen. (Das Blatt eignet sich gut als Anmalübung.)
Zum Themenbereich »Details suchen« vergleiche auch Kapitel II/23.

Vier verschiedene Lampen mit verschiedenen Mustern sind abgebildet (78-82).
— Die oberen Abbildungen sind auszuschneiden. Dann ist in jede Zeile die fehlende Lampe einzuordnen und aufzukleben (78).
— Den unterschiedlichen Lampen werden Ziffern von 1 bis 4 zugeordnet (nur bei Ziffernkenntnis) (79).
— Das Blatt ist in Einzelbilder zu zerschneiden. Wenn es doppelt gegeben wird, ist es als »Memory« zu verwenden (80).
— In die Spalten sind die Lampen, die so wie die oben angeführten aussehen, einzuordnen (80/81).
Variationen:
— Gleiche Lampen sind durch Striche (oder Doppelpfeile) zu verbinden (82).
— Gleiche Lampen sind gleich anzumalen (82).

Der Schwierigkeitsgrad variiert durch
— die Ähnlichkeit der Abbildungen,
— die Anzahl der Abbildungen,
— die Anzahl der Aufgaben.

14. Gleiche Umrisse

12 verschiedene Blattumrisse sind abgebildet (83).
— Das Arbeitsblatt ist zweifach auszugeben: Ein Exemplar wird zerschnitten, eines bleibt ganz. Die Einzelbilder sind den entsprechenden Feldern des ganzen Blattes zuzuordnen.
— Zwei Blätter werden in Einzelbilder zerschnitten und als »Memory« verwendet.

In fünf Zeilen sind in jeder Zeile eine Abbildung mit eingezeichneten Details (bzw. Mustern) und vier Abbildungen nur als Umrißzeichnungen vorhanden. Eine Umrißzeichnung entspricht der am Anfang der Zeile (84).
— Die zur vorderen Abbildung passende Umrißzeichnung ist herauszufinden und zu kennzeichnen (anzukreuzen oder anzumalen).

Fünf verschiedene Blätter sind abgebildet (85-88).
— Blätter, die wie das oben gekennzeichnete aussehen, werden rot angemalt (85).
— Gleiche Blätter sind gleich anzumalen (nacheinander, immer nur eine Sorte zur Zeit) (86).
— Gleichen Blättern sind bestimmte Ziffern zuzuordnen (87).
Variationen zu Blatt Nr. 88:
— Zwei, drei oder vier bestimmte Blätter sind herauszusuchen und zu kennzeichnen (durch Farbe, Kreuze, Ziffern; evtl. Eintragung von nichtverbalen Anweisungen) (88).

Der Schwierigkeitsgrad kann variiert werden durch
— die Anzahl der abgebildeten Gegenstände pro Zeile/Blatt,
— die Anzahl der herauszusuchenden Formen,
— den Grad der Ähnlichkeit der Umrisse.

77

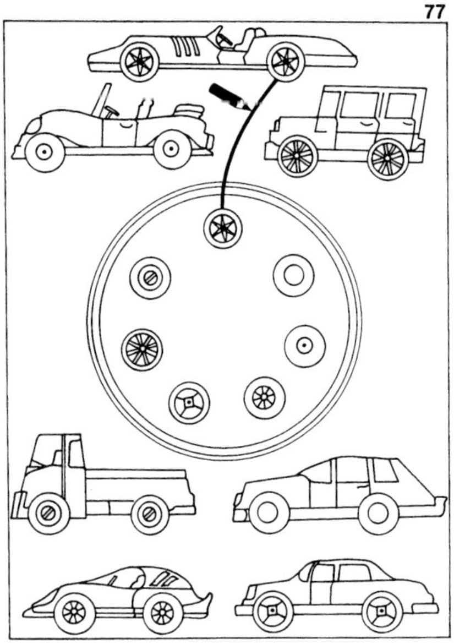

78

79

80

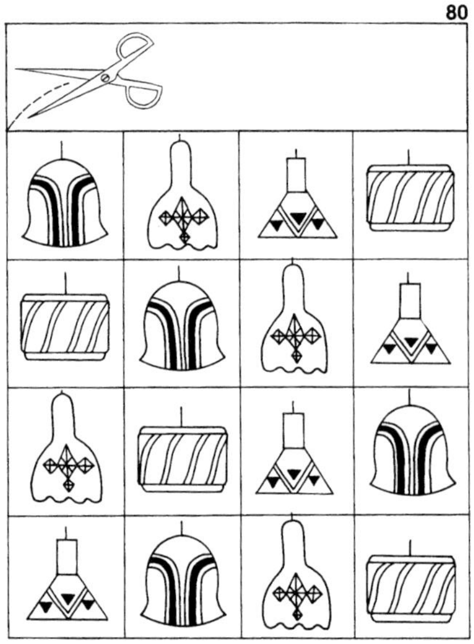

81

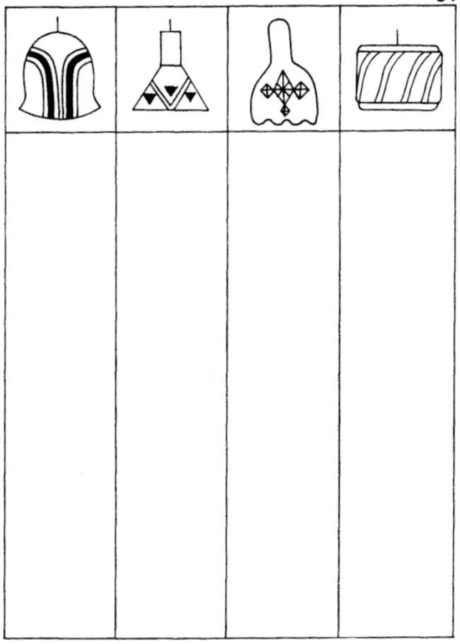

82

83

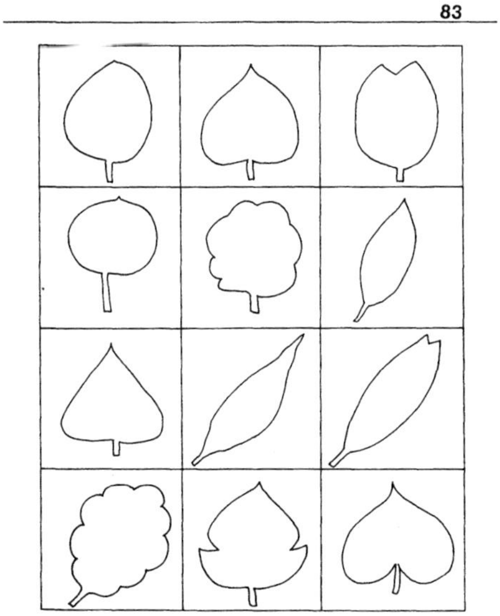

84

85

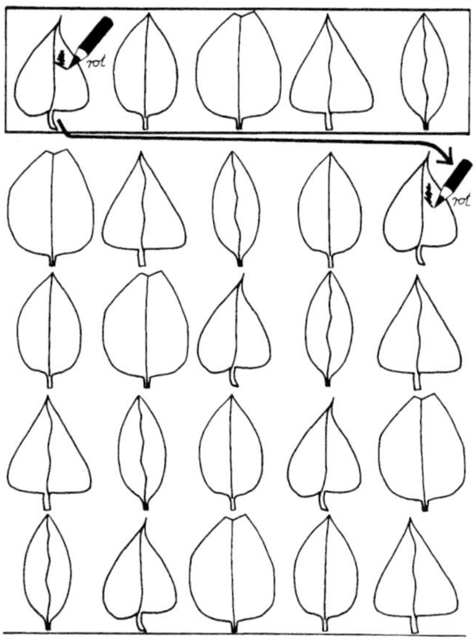

86

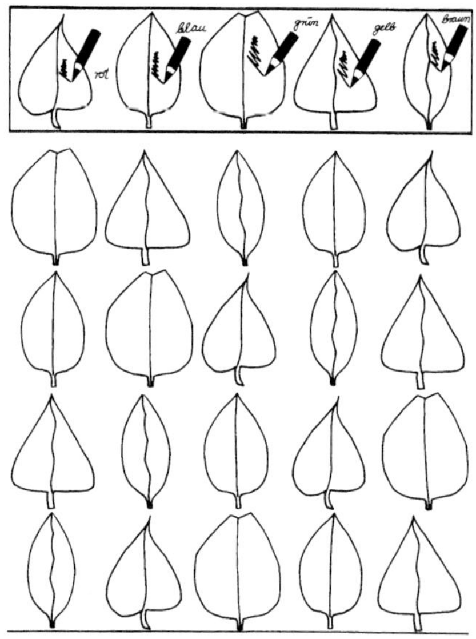

87

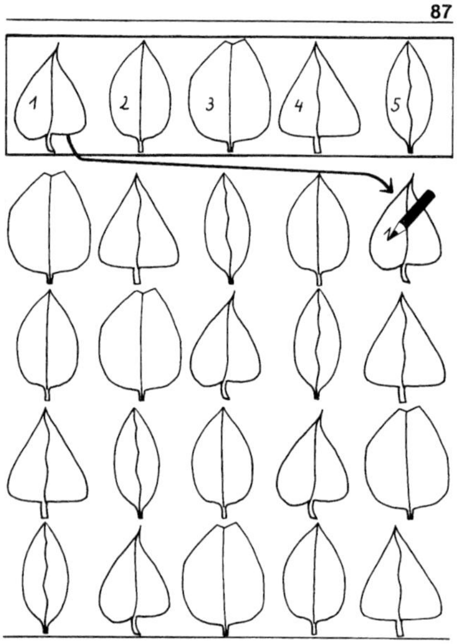

88

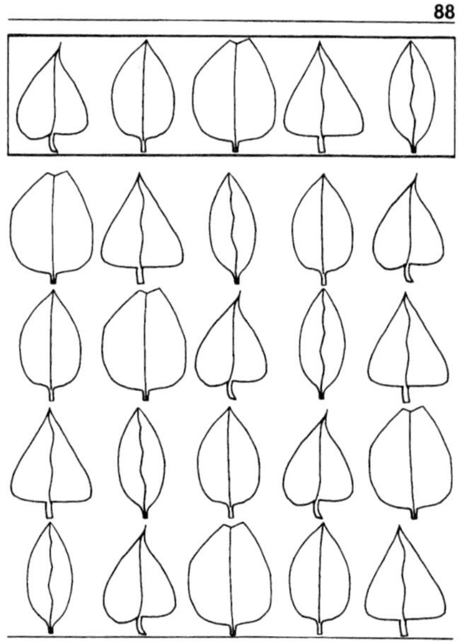

15. Links-Rechts-Orientierung

Auf einem Blatt sind 13 Figuren bzw. Gegenstände abgebildet, die nach links oder nach rechts orientiert sind (89).
— Die Bedeutung der Pfeile als Richtungsanzeiger (»nach links/rechts«) ist zu erläutern (vgl. hierzu auch Kapitel II/16).
— Die Figuren sind zu erläutern, und der Sachverhalt ist zu verbalisieren (»segelt, zeigt, geht, läuft, krabbelt, schwimmt oder guckt nach links/rechts«).
— Die Kästchen unter den Figuren sind mit den entsprechenden Pfeilen zu versehen.

In fünf Zeilen sind jeweils vier Abbildungen, die entweder nach links oder nach rechts orientiert sind (90).
— Die Figuren sind wie bei Blatt Nr. 89 zu erläutern.
— In die Kästchen unter den Figuren sind die entsprechenden Pfeile einzuzeichnen.

10 nach links oder nach rechts orientierte Abbildungen sind gegeben (91).
— Die Einzelabbildungen sind auszuschneiden und in das Schema im oberen Abschnitt je nach Richtungsorientierung einzuordnen.

In acht Zeilen sind je sechs Abbildungen (Tiere, Pflanzen) in verschiedenen Positionen angegeben (92-94).
— Abbildungen, die in gleicher Lage wie die vorgegebene Figur abgebildet sind, sollen gleich angemalt werden (92).
— Figuren, deren Positionen anders als die vorgegebenen sind, sollen durch Kreuze durchgestrichen werden (93).
Variationen:
— Gleiche Abbildungen in gleicher Position sind gleich anzumalen. (Die Anzahl der benutzten Farben muß der Anzahl der verschiedenen Positionen entsprechen.) (94)
Vergleiche hierzu auch Kapitel II/19, »Oben – unten / links – rechts«.

In acht Zeilen befinden sich je sechs Abbildungen, die entweder nach links oder nach rechts orientiert sind (95).
— Figuren, die nach der gleichen Seite orientiert sind wie die am Anfang der Zeilen stehenden, sind einzukreisen.
— Figuren, die zur gleichen Seite zeigen, sind gleich anzumalen.

Ein Blatt gliedert sich in drei Abschnitte. Im oberen und im unteren Abschnitt sind mehrere nach links oder nach rechts gerichtete Figuren (Fische, Vögel). In der Mitte sind große und kleine Figuren (Hüte; vgl. hierzu Kapitel II/1) (96).
— Die durch verschiedene Richtung (oberer oder unterer Abschnitt) bzw. durch verschiedene Größe (mittlerer Abschnitt) zu unterscheidenden Figuren sind durch eine Linie zu trennen.
Zum Themenbereich »Visuomotorische Koordinationsübungen« vgl. Kapitel II/16.

In acht Zeilen sind jeweils sechs Figuren abgebildet. Davon zeigt eine in die entgegengesetzte Richtung (97).
— Die durch die Richtung abweichende Figur ist herauszusuchen, und die Richtung ist zu benennen.
— Die abweichende Figur ist zu streichen.
Hierzu vergleiche auch Kapitel II/24, »Fehler finden – Was ist anders?«.

In acht Zeilen sowie in einem größeren Feld sind Zeichen verschiedener Seitigkeit eingetragen (98).
— Zeichen, deren Position genauso ist, wie vorne vorgegeben, werden gleich angemalt.

In 12 Zeilen sind jeweils acht Zeichen, in verschiedene Richtungen zeigend (vgl. auch Kapitel II/24), abgebildet (99).
— Es sind jeweils die Zeichen, die genauso liegen wie das erste (zweite, dritte . . .), herauszusuchen und rot (blau, grün...) anzumalen. (Das Blatt ist mehrfach zu verwenden. Das schwarze Dreieck ist dann weiter nach rechts zu verschieben. Vgl. hierzu auch Kapitel II/22).

Zwiebeln und Birnen, die jeweils nach zwei verschiedenen Richtungen orientiert sind, sind über das ganze Blatt verteilt (100/101).
— Bestimmte Früchte, nach verschiedenen Richtungen weisend, sind in gleichen Farben anzumalen (100).
Variation:
— Kennzeichnung bestimmter Früchte in bestimmter Lage durch Symbole oder Zahlen (101).

Fahnen, die nach links oder rechts weisen, sind über das ganze Blatt verteilt (102/103).
— Fahnen, die nach links (oder rechts) zeigen, sind durch entsprechende Pfeile zu kennzeichnen (102).
Variation:
— Kennzeichnung der Fahnen bestimmter Richtung durch die gleiche Farbe (103).

Schnecken, die sich durch die Art der Windungen und durch die Lage (Spitze nach oben oder unten, Windungen nach links oder nach rechts; vgl. auch Kapitel II/19) unterscheiden, sind über das ganze Blatt verteilt (104-106).
— Schnecken, die so aussehen und so liegen wie die oben vorgegebene, sind rot anzumalen (104).
Variationen durch die Blätter Nr. 105 und 106:
— Aufgabenstellung wie bei Nr. 104. Eventuell nichtverbale Anweisungen eintragen, um zwei, drei oder alle vier Schnecken zu kennzeichnen. Die Anzahl der herauszusuchenden Figuren ist aber vorsichtig zu dosieren!

Nach links oder rechts weisende Zeichen sind in acht verschiedenen Abschnitten aufgeführt (107).
— Die vorgegebenen Zeichen, die sich in gleicher Position befinden, sind farbig zu kennzeichnen.

120 nach links oder nach rechts orientierte Zeichen sind auf dem ganzen Blatt verteilt (108*).
— Es sind jeweils bestimmte Zeichen herauszusuchen und zu kennzeichnen (durch Umkreisen, Kreuze, Farbe). Eventuell sind nichtverbale Anweisungen einzutragen, um deutlich zu machen, welche Zeichen herauszusuchen sind.

Der Schwierigkeitsgrad kann variiert werden durch
— die Anzahl der Einzelabbildungen/Zeichen,
— das Einstreuen von Abbildungen, die nach anderen Richtungen (z. B. nach oben/unten) zeigen,
— durch untereinander sehr ähnliche Abbildungen in gleicher oder anderer Position.

89

90

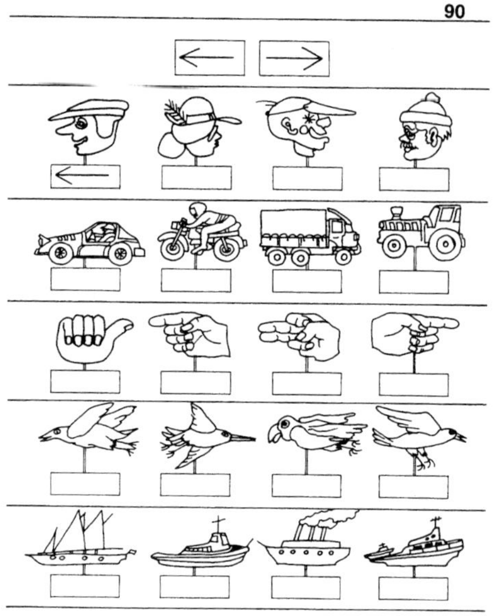

91

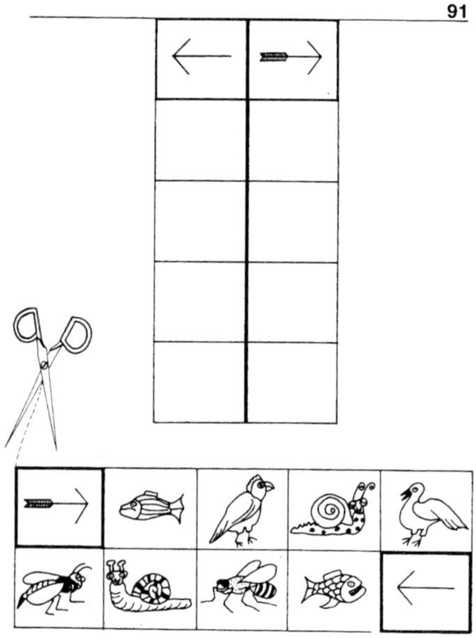

92

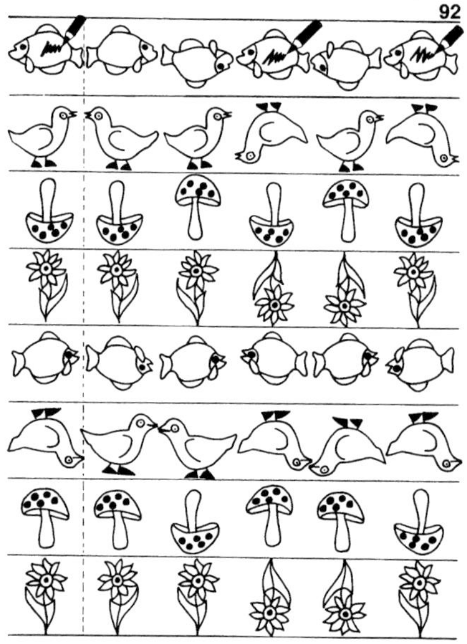

93

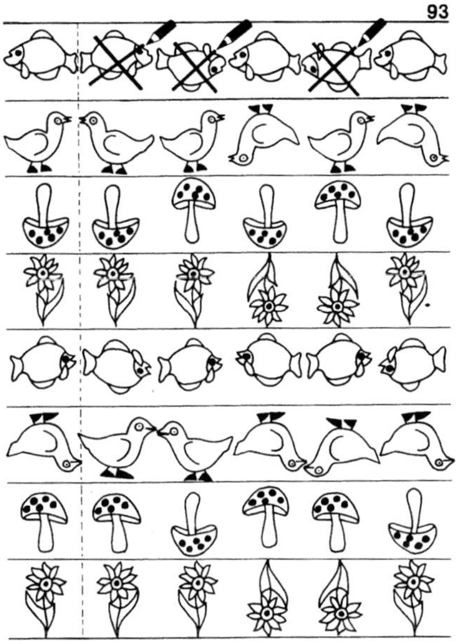

94

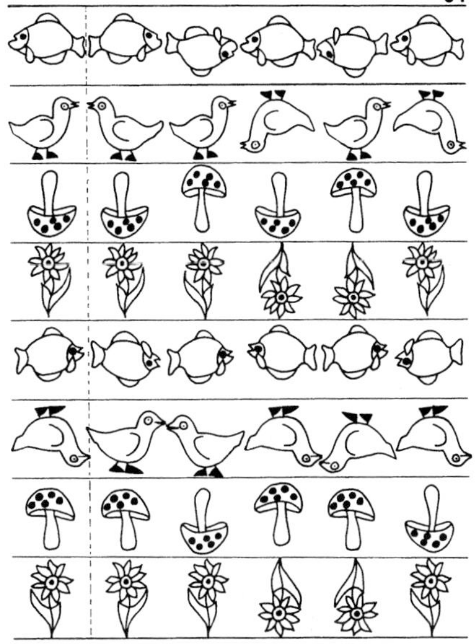

95

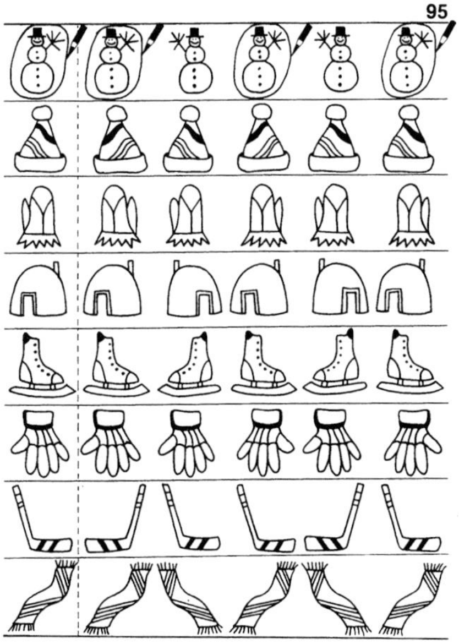

96

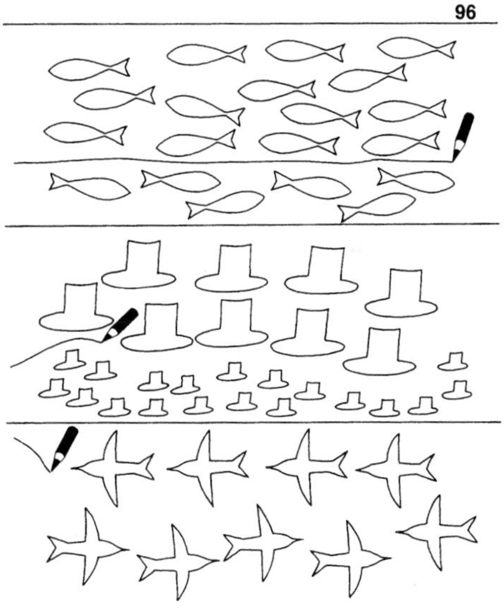

97

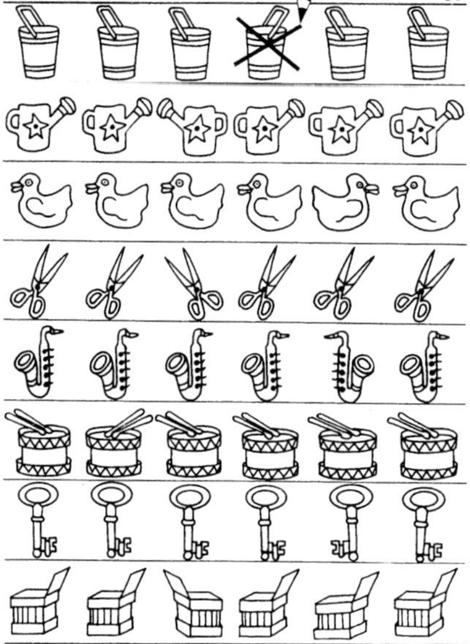

98

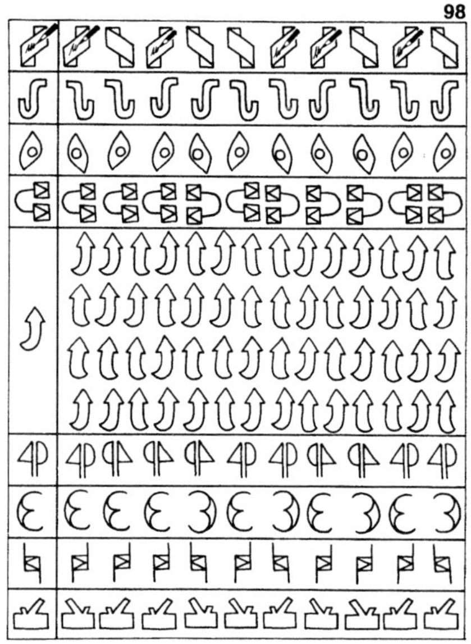

99

100

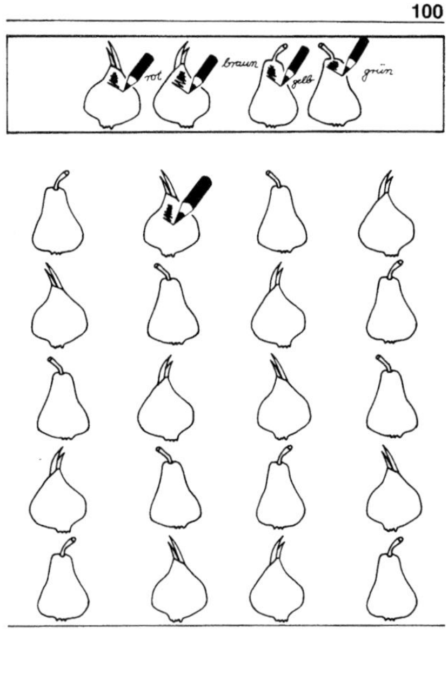

101

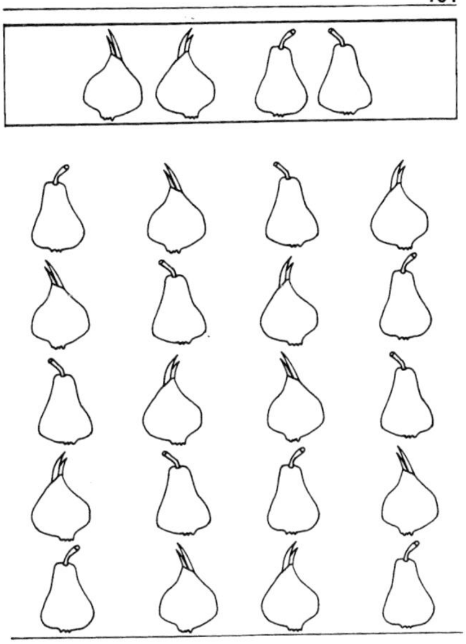

102

103

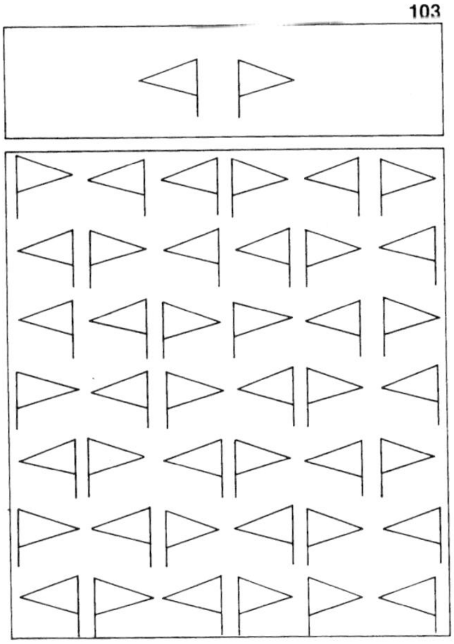

104

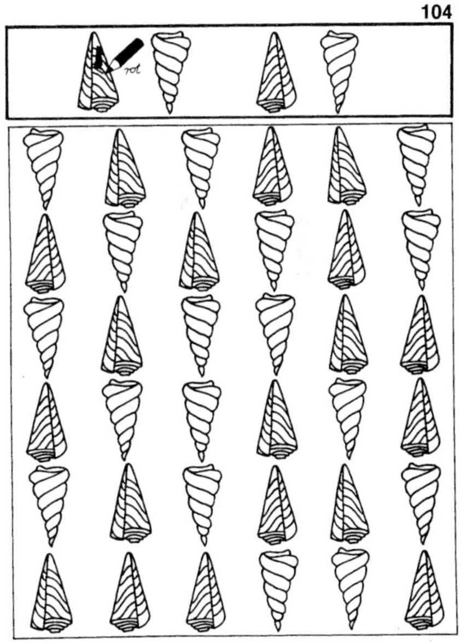

105

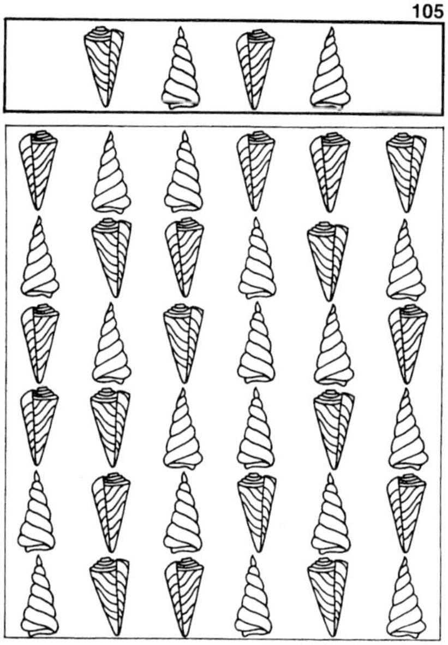

106

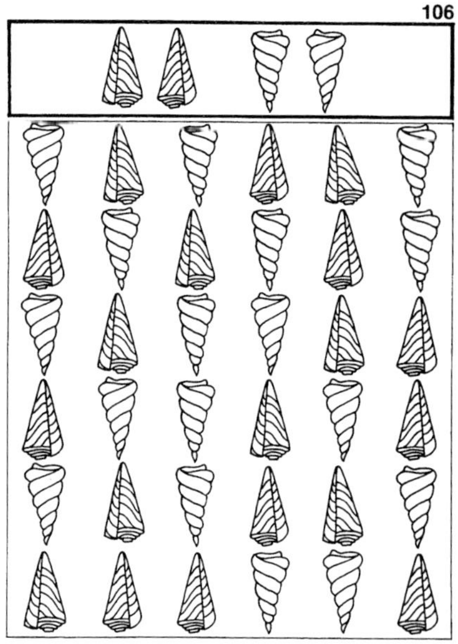

107

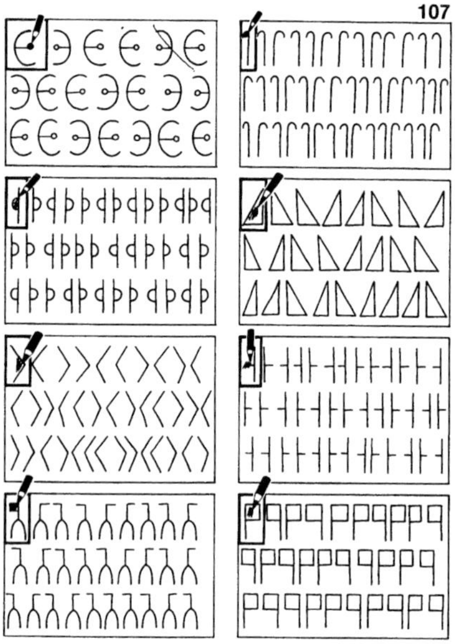

108*

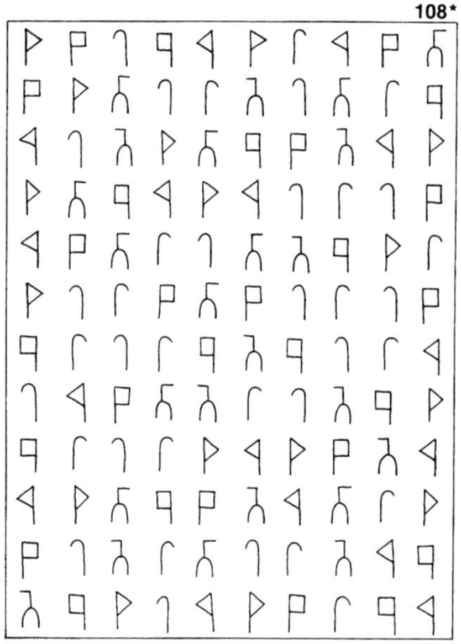

16. Visuomotorische Koordinationsübungen

Übungen zur visuomotorischen Koordination (Koordination von Auge und Hand; vgl. *Frostig* 1974) finden sich innerhalb des Programms überall dort, wo ausgeschnitten, geklebt und angemalt wird, beim Nachfahren von Linien (vgl. Kapitel II/5, »Suchbilder«), beim Abzeichnen von Vorlagen, beim Nachlegen von Mustern oder Vorlagen (vgl. Kapitel II/27, »Muster legen«, und Kapitel II/28, »Flächenpropädeutik«), beim Ergänzen von Zeichnungen (vgl. Kapitel II/20, »Fehlendes ergänzen«, und Kapitel II/26, »Symmetrie«) und beim Fortsetzen von Folgen (vgl. Kapitel II/21). Die Bedeutung dieses Bereiches für die optische Differenzierung liegt im richtigen Abschätzen von Abständen, Begrenzungen/Linien und im Nachvollziehen von Linien und Formen mit Augen und Händen. Ferner ist die Beherrschung der visuomotorischen Koordination Grundvoraussetzung für das Lösen zahlreicher Aufgaben – wie bereits vorstehend ausgeführt – im Rahmen dieses Programms und insofern nicht als Einzelbereich abtrennbar.
Die in diesem Kapitel vorliegenden Blätter sollen daher nur einige Anregungen zur Gestaltung weiterer Blätter sein. Auf die zahlreichen Übungen bei *Frostig* (1974) zu diesem Bereich sei an dieser Stelle hingewiesen.

Drei verschiedene Hunde (Pudel, Dackel, Schäferhund) sind durch gewundene Linien mit drei verschiedenen Zielen (Knochen, Hütte, Wurst) verbunden (109).
— Die Linien, die von den einzelnen Hunden ausgehen, sollen mit verschiedenfarbigen Stiften nacheinander nachgefahren werden.

Drei verschiedene Strichmännchen sind durch »Straßen« mit drei verschiedenen Häusern verbunden (110).
— Die Straßen sind in der Mitte mit verschiedenfarbigen Stiften nachzufahren. Es ist auf Unter- bzw. Überführungen zu achten.

Von drei Kraftfahrzeugen führen »Straßen«, die an den Seiten durch »Hindernisse« (Linien) eingeengt sind, zu drei verschiedenen Zielen (111).
— Mit Stiften sind Linien immer genau in der Mitte der »Straßen« bzw. der Engstellen einzuzeichnen.
Weitere Übungsmöglichkeiten bieten auch »Labyrinthe«, die gleichzeitig der Raumorientierung dienen (vgl. Kapitel II/15, »Links-Rechts-Orientierung«, und Kapitel II/19, »Oben – unten / links – rechts«).

Jeweils an den Ecken (»Kreuzungen«) zwischen 12 Quadraten befinden sich Richtungspfeile (112).
— Zwischen den Quadraten ist nach Angabe der Richtungspfeile eine Linie in der Mitte der »Straßen« einzutragen.

Der Schwierigkeitsgrad variiert durch
— den Anteil der geforderten sehr feinen und präzise ausgeführten Bewegungen,
— die Übersichtlichkeit der verschiedenen Linien (die »Dichte« der Darstellungen),
— die Anzahl der Aufgaben pro Blatt.

109

110

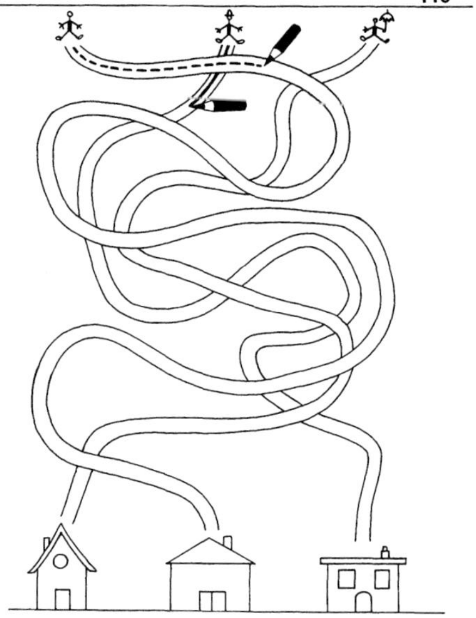

111

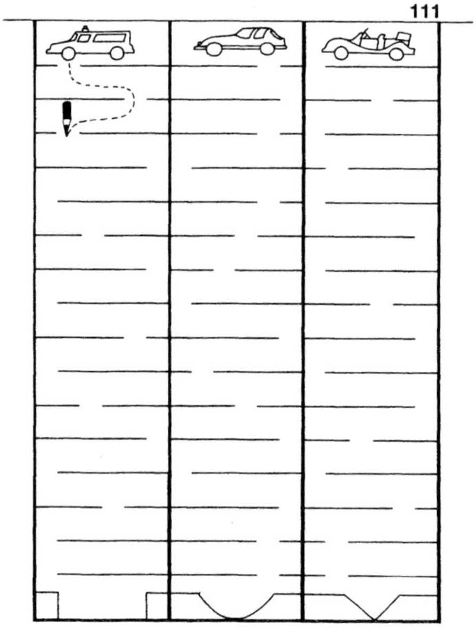

112

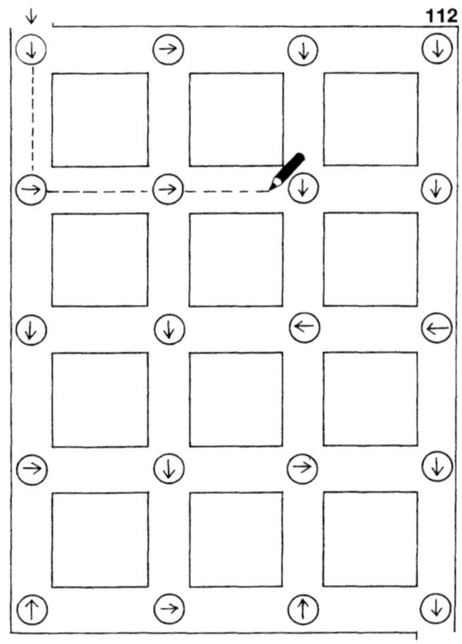

17. Offen – geschlossen / gerade – gewellt / rund – eckig

Je 12 verschiedene offene und geschlossene Formen/Zeichen sind auf einem Blatt angeordnet (113/114).

— Das Blatt ist zu zerschneiden und kann bei doppelter Ausführung als »Memory« bzw. als Legespiel (»Bilderlotto«: ein Blatt zerschneiden, eines ganz lassen) verwendet werden (113).

— Die offenen Formen sollen in geschlossene umgewandelt werden (114).

— Die zerschnittenen Einzelbilder sind in die richtige Spalte einzuordnen (113/115).

Im ersten Abschnitt eines Blattes befinden sich gerade und gewellte, im zweiten Abschnitt runde und eckige und im dritten Abschnitt offene und geschlossene Formen/ Zeichen (116).

— Durch Doppelpfeile sollen ähnliche Formen/Zeichen, die sich nur durch die genannten Eigenschaften unterscheiden, verbunden werden (vgl. Kapitel II/6, »Rund – eckig«).

Der Schwierigkeitsgrad variiert durch

— die Anzahl der dargestellten Formen/Zeichen,

— die Ähnlichkeit der dargestellten Abbildungen untereinander.

113

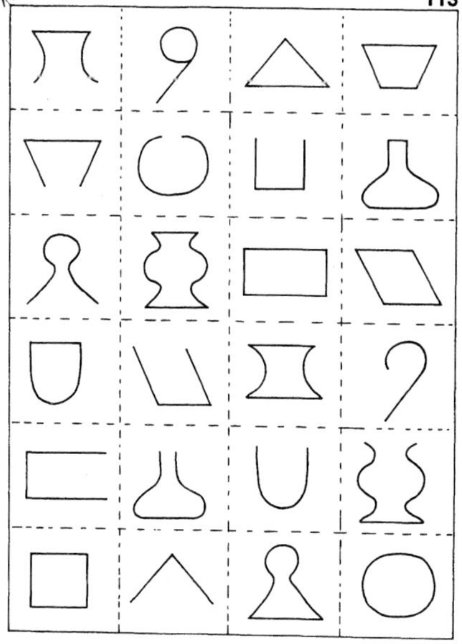

114

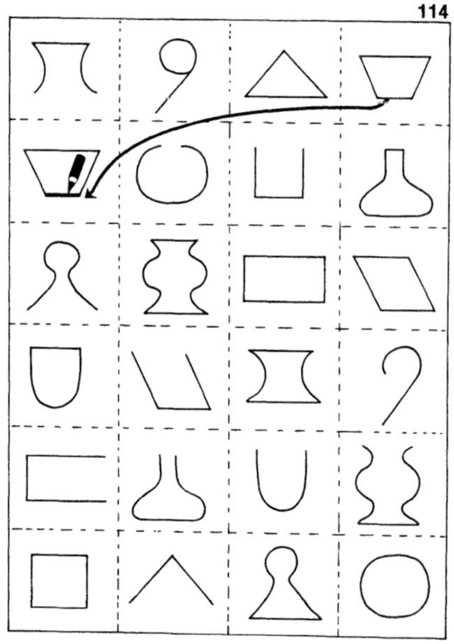

115

116

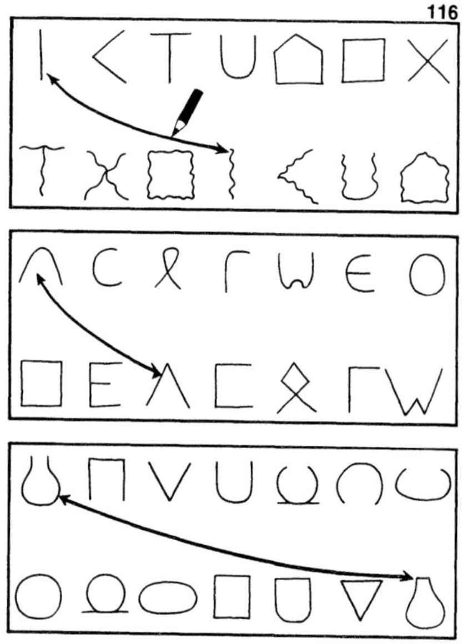

18. Waagerecht – senkrecht

Zahlreiche Rechtecke in waagerechter oder senkrechter Position sind über ein Blatt verteilt (117-119).

— Das Blatt ist zu erläutern. Die Begriffe »waagerecht« und »senkrecht« sind zu verwenden (117).

— Die waagerechten und senkrechten Rechtecke sind durch Linien voneinander zu trennen.

— Auch bei den Blättern Nr. 118 und 119 lassen sich die Rechtecke in verschiedenen Positionen voneinander durch Linien trennen. Die Anweisung ist nichtverbal (durch eingezeichneten Stift) oder verbal zu geben (118/119).

Vergleiche hierzu Kapitel II/16, »Visuomotorische Koordinationsübungen«.

— Alle waagerechten Rechtecke sind gelb, alle senkrechten rot anzumalen. Anweisung verbal oder nichtverbal geben (117; 118/119).

Figuren, die aus einem langen schmalen und einem kurzen schmalen Rechteck im rechten Winkel zueinander sowie entweder waagerecht oder senkrecht angeordnet sind, sind über ein Blatt verteilt (Anzahl der einzelnen Figuren: 1. Reihe, 1. Figur – 7, 2. Figur – 7, 3. Figur – 5, 4. Figur – 4, 5. Figur – 5; 2. Reihe, 1. Figur – 5, 5. Figur – 2; 3. Reihe, 2. Figur – 5) (120/121).

— Figuren, deren Einzelelemente in gleicher Lage zueinander stehen, werden gleich angemalt (120/121).

Die Zahl der Aufgaben ist nur vorsichtig zu erhöhen, da diese relativ schwierig zu lösen sind!

Waagerechte und senkrechte rechteckige Felder, die an jeweils einer Schmalstelle schraffiert sind, sind über das ganze Blatt verteilt (Anzahl der einzelnen Figuren: 1. Reihe, 1. Figur – 10, 2. Figur – 22, 3. Figur – 26, 7. Figur – 12) (122).

— Figuren in gleicher Lage (waagerecht/senkrecht und Schraffur an gleicher Seite) sind gleich anzumalen (zu kennzeichnen, z. B. durch Kreuze, Zahlen, Pfeile oder andere Symbole). Die Anweisung ist verbal oder nichtverbal zu geben, entweder im Blatt eingetragen oder außerhalb vorgegeben (z. B. an der Tafel) (122).

Abbildungen von Werkzeugen (Beile, Hämmer) sind jeweils in vier verschiedenen Lagen abgebildet (Anzahl: 1. Reihe, 1. Figur – 6, 2. Figur – 10, 3. Figur – 6, 4. Figur – 4; 2. Reihe, 1. Figur – 6, 2. Figur – 6, 3. Figur – 11, 4. Figur – 7) (123/124).

— Figuren in gleicher Lage sind gleich zu umkreisen bzw. anzumalen (123 bzw.124).

Wegen der Gefahr der Überforderung sollten nicht alle Figuren auf einmal herausgesucht werden!

Der Schwierigkeitsgrad variiert durch
— die Anzahl der Abbildungen pro Blatt/Zeile,
— den Grad der Ähnlichkeit der abgebildeten Formen/Zeichen,
— die Kombination von waagerechten und senkrechten Elementen,
— die Anzahl der kombinierten Merkmalselemente (z. B. »waagerecht/senkrecht« kombiniert mit »oben/unten/links/rechts schraffiert«).

117

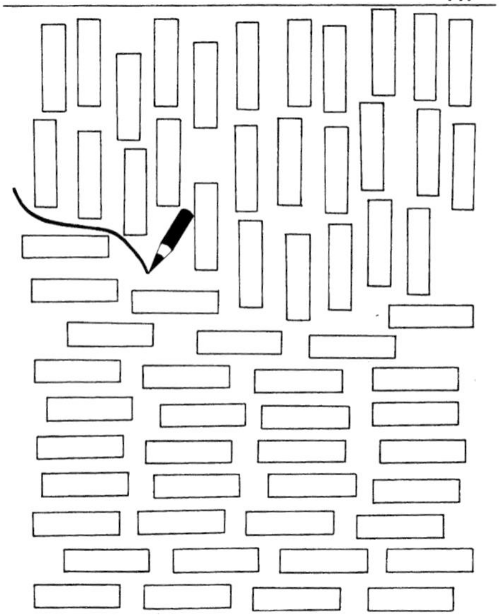

118

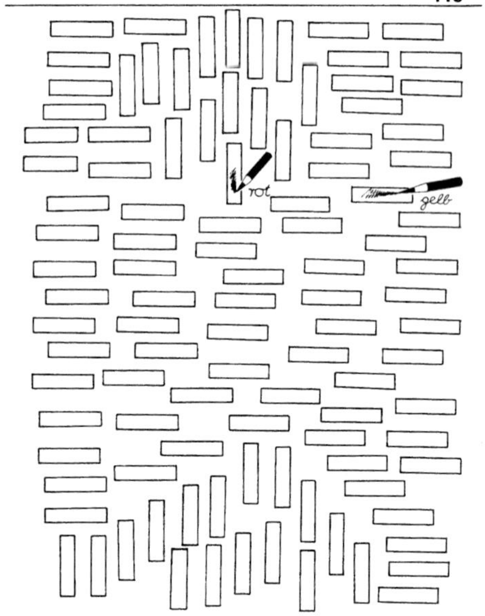

119

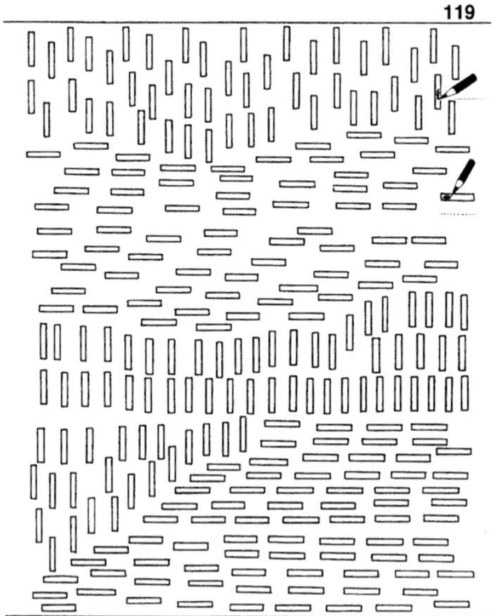

120

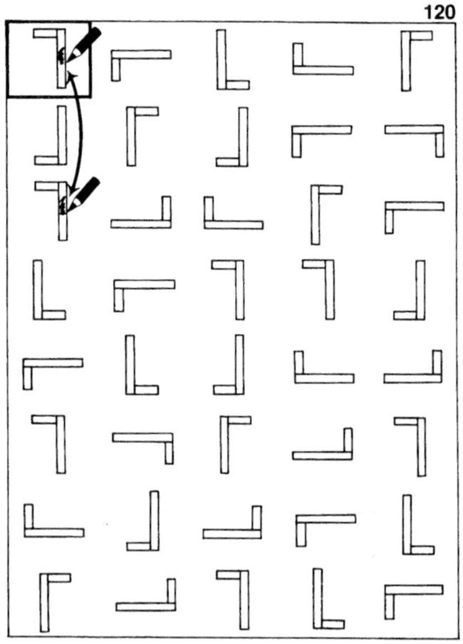

121

122

123

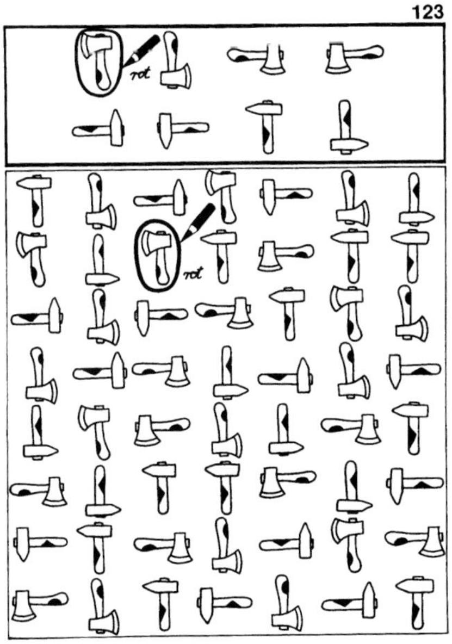

124

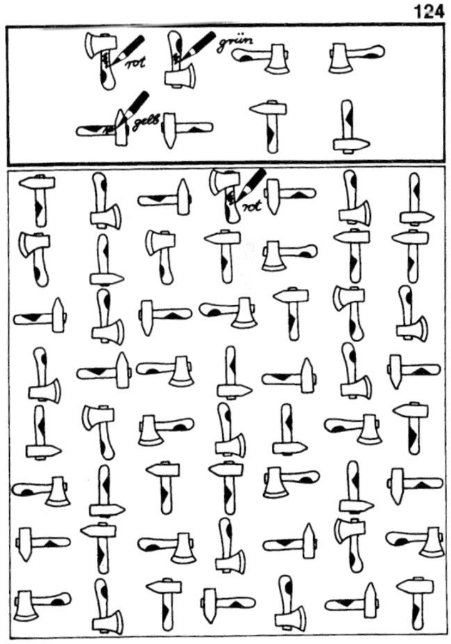

19. Oben – unten / links – rechts

Zweimal neun Rechtecke, in denen jeweils an bestimmter Stelle ein Kreuz (doppelt bestimmte Position: links oben, rechts unten usw., vgl. Kapitel I/2) eingetragen ist, sind vorhanden. Jedem Rechteck ist eine Ziffer zugeordnet (125).
— Im unteren Abschnitt sind den Rechtecken die entsprechenden Ziffern zuzuordnen.

Auf einem Blatt sind Kreise verteilt, die links, rechts, oben und unten eine Markierung aufweisen. (Die ersten beiden Figuren sind je viermal, die anderen beiden je fünfmal im großen Feld vorhanden) (126)
— Kreise mit Markierungen an gleicher Stelle sind herauszusuchen und zu markieren (durch Farbe, Ziffern, Kreuze oder andere Symbole).

Kreise und Quadrate mit verschiedenen Markierungen (siehe Blatt Nr. 126) sind auf einem Blatt angeordnet. (Anzahl der im großen Feld vorhandenen Figuren: 1. Figur – 4, 2. Figur – 4, 3. Figur – 5, 4. Figur – 5, 5. Figur – 4, 6. Figur – 4, 7. Figur – 4, 8. Figur – 6) (127-130)
— Figuren mit Kennzeichnungen an gleicher Stelle sind mit gleichen Ziffern zu versehen (127/128).
— Den verschiedenen Positionen der Markierungen sind Richtungspfeile zuzuordnen (129).
— Alle Figuren, deren Markierung nach unten (oben, links oder rechts) zeigt, sind gleich zu kennzeichnen (130).

120 Zeichen, die nach oben oder nach unten orientiert sind, befinden sich auf einem Blatt (131*/132*).
— Figuren in bestimmter Lage werden farbig gekennzeichnet.
Blatt Nr. 132* ist für die Eintragung nichtverbaler Anweisungen (Kreise, Anmalen, Kreuze usw.) vorgesehen.

Der Schwierigkeitsgrad variiert durch
— die Anzahl der Abbildungen,
— den Grad der Ähnlichkeit der abgebildeten Formen/Zeichen,
— die Anzahl der Aufgaben.

125

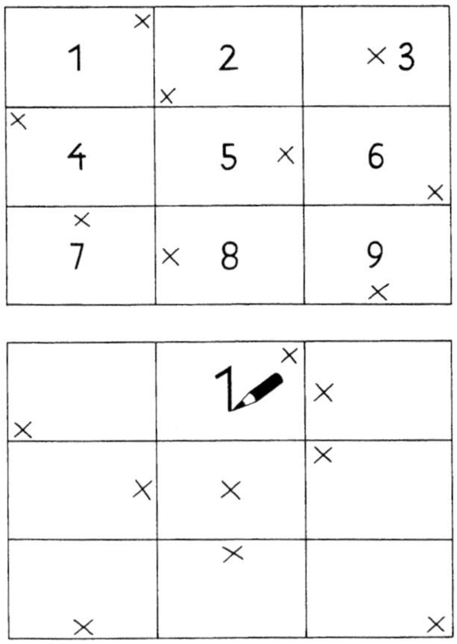

126

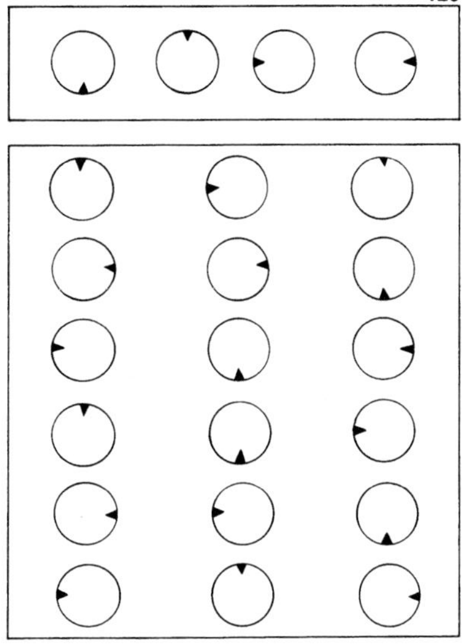

127

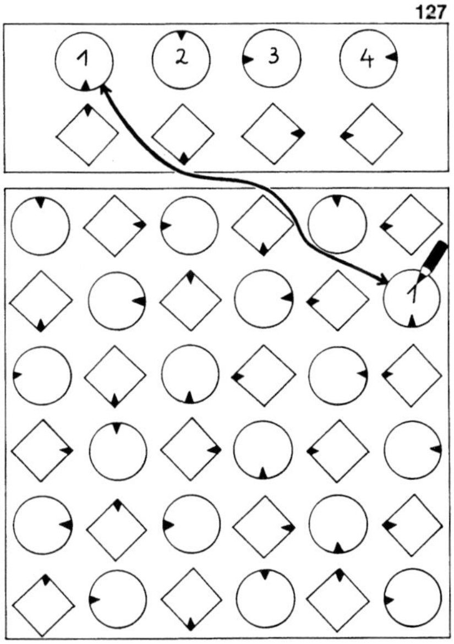

128

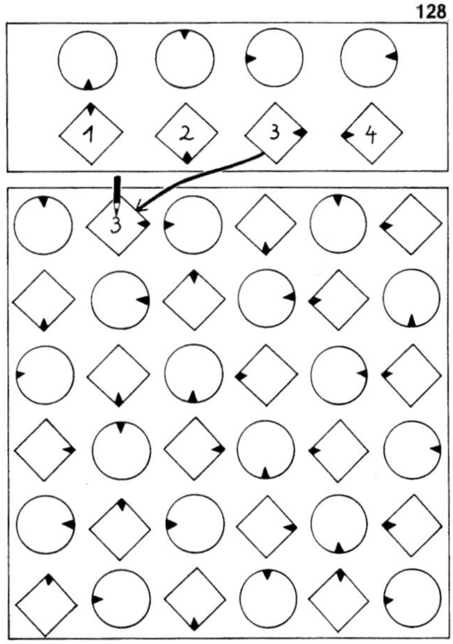

129

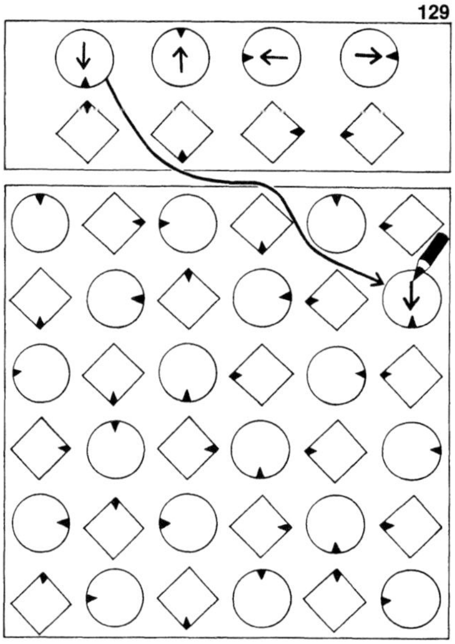

130

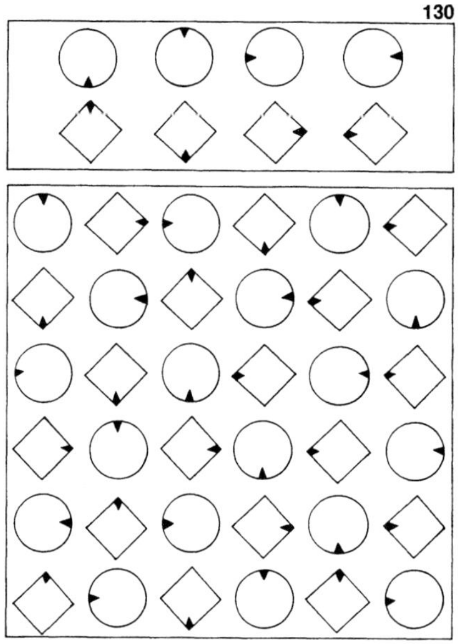

131*

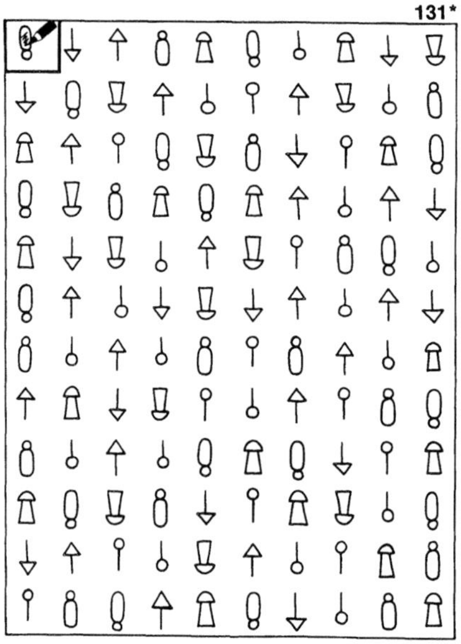

132*

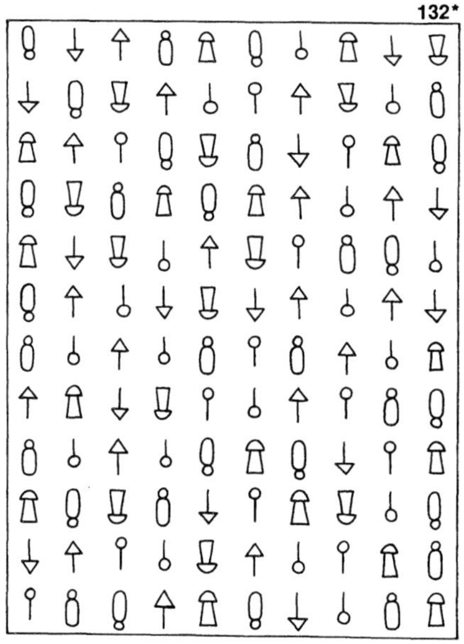

20. Fehlendes ergänzen

Beim vorliegenden Kapitel handelt es sich um eine besonders aktive Übungsphase zur Erarbeitung verschiedener skriptographischer Begriffe bzw. optischer Gestalt-/Formqualitäten. Dies ist ein zentrales Kapitel mit Querverbindungen zu fast allen anderen Abschnitten dieses Programms (vgl. Kapitel II/5, »Suchbilder«; Kapitel II/11, »Details in gleichen Positionen«; Kapitel II/16, »Visuomotorische Koordinationsübungen«; Kapitel II/23, »Details suchen«; Kapitel II/24, »Fehler finden – Was ist anders?«; Kapitel II/33, »Oberlängen von Druckbuchstaben«, sowie weitere Kapitel, in denen spezielle skriptographische Begriffe trainiert werden). Bei der Besprechung der Lösungen ist jeweils die Lage bzw. die Art der Details genau zu beschreiben.

Zwei Abbildungen (Lokomotiven), davon eine mit fehlenden Details, sind abgebildet (133).
— Die Bilder sind zu vergleichen und die Stellen, an denen etwas fehlt, sind durch Kreise zu markieren.
— Die fehlenden Details sind einzuzeichnen.

In fünf Zeilen befinden sich in jeder Zeile eine Abbildung mit eingezeichneten Details (bzw. Muster) sowie vier Abbildungen nur als Umrißzeichnungen. Eine Umrißzeichnung entspricht der am Anfang der Zeile (wie Blatt Nr. 84) (134).
— Die Details (bzw. Muster) sind in den passenden Umriß einzuzeichnen (bei guten zeichnerischen Fähigkeiten; sonst Aufgabe weglassen oder nur wie bei Nr. 84 bearbeiten).

Je zwei Gegenstände/Zeichen sind abgebildet. Davon ist eine Abbildung unvollständig (135).
— Die unvollständigen Abbildungen sind durch Vergleich mit den vollständigen zeichnerisch zu ergänzen.

Drei verschiedene Türme sind jeweils einmal vollständig und zweimal unvollständig abgebildet (abgestuft: zuerst fehlen wenige, dann viele Details) (136).
— Die unvollständigen Abbildungen sind durch Vergleich mit der vollständig gezeichneten Vorlage zu ergänzen.

Vier abstrakte Figuren sind jeweils einmal vollständig und dreimal unvollständig abgebildet (abgestuft wie Blatt Nr. 136) (137).
— Die unvollständigen Figuren sind durch Vergleich mit der vorne vorgegebenen zu ergänzen.

Um sechs große Druckbuchstaben sind jeweils unvollständige Buchstaben angeordnet (138/139).
— Die unvollständigen Buchstaben sind zu vervollständigen.
Durch den Vergleich mit der Vorlage werden die einzelnen Formelemente der Buchstaben deutlich.

Vier Zweiergruppen und drei Dreiergruppen von gegenständlichen Abbildungen sind vorhanden. Keine Abbildung ist vollständig (140).
— Durch Vergleich der Abbildungen untereinander sind die fehlenden Details zu ermitteln und zeichnerisch zu ergänzen.
— Die fertigen Bilder werden angemalt.

In fünf Zeilen sind mehrere unvollständige (abstrakte) Abbildungen vorhanden (141).
— Durch Vergleich der Abbildungen untereinander sind die fehlenden Details zu ermitteln und zeichnerisch zu ergänzen.

Je zwei oder drei unvollständige große Druckbuchstaben sind abgebildet (142).
— Durch Vergleich der unvollständigen Buchstaben untereinander sind die fehlenden Formelemente zu finden und einzutragen.

Neun bzw. zwölf aus mehreren Formelementen bestehende unvollständige abstrakte Darstellungen und eine vollständige sind auf einem Blatt angeordnet (143/144 und 145/146).
— Die unvollständigen Darstellungen sind nach Vergleich mit der vollständigen zu ergänzen.

Quadrate mit vier bzw. neun Punkten sind vorgegeben (147).
— Die fehlenden Punkte sind zu ergänzen.
— Die Position der eingetragenen Punkte ist zu benennen.

Verschiedene Zeichen (Kreuze, Punkte, Striche) sind an verschiedenen Stellen von Quadraten eingetragen (148).
— In die leeren Quadrate sind die fehlenden Zeichen wie in dem darüberliegenden Quadrat einzutragen.

Punkte sind durch Striche zu geometrischen Figuren verbunden (Stufung: von einfachen zu komplizierten Gebilden) (149-151).
— Die vorgegebenen Figuren sind nachzuzeichnen. Die Punkte dienen dabei als Konstruktions-/Orientierungshilfen.

Verschiedene Abbildungen sind in ein Gitternetz eingezeichnet (152).
— Die Abbildungen sind in das freie Gitternetz zu übertragen.
— Die fertigen Abbildungen sind auszumalen (vgl. hierzu Kapitel II/28 »Flächenpropädeutik«).

In 13 Zeilen sind gleiche Zeichen eingetragen. Ein Zeichen weicht durch das Fehlen eines Details ab (vgl. Blatt Nr. 176 in Kapitel II/24) (153).
— Das fehlende Detail ist zu ergänzen.

In 12 Zeilen sind Zeichen mit zahlreichen Formelementen angeordnet. Am Anfang der Zeile steht das (komplette) Zeichen mit den meisten Details (154).
— Alle Zeichen in der Zeile sind so zu ergänzen, daß sie so aussehen wie das am Anfang der Zeile.

120 Oberlängen von kleinen Druckbuchstaben (a oder g, b oder h, d, e, l, n, o, t) bzw. großen Druckbuchstaben (A, H, I oder J, K, M, U, V, W) sind vorhanden (155*/156*).
— Es sollen vorgegebene Oberlängen zu vollständigen Buchstaben ergänzt werden.

Der Schwierigkeitsgrad läßt sich erhöhen durch
— eine größere Anzahl von Abbildungen pro Zeile/Blatt,
— kompliziertere Formen/Muster mit kleineren Details,
— die Anzahl der Aufgaben.

133

134

135

136

137

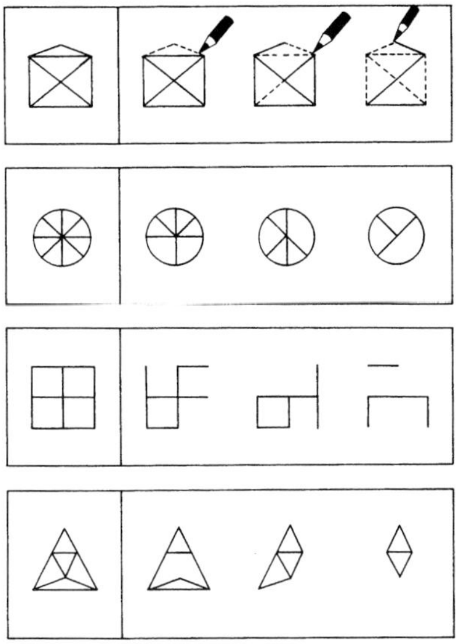

138

139

140

141

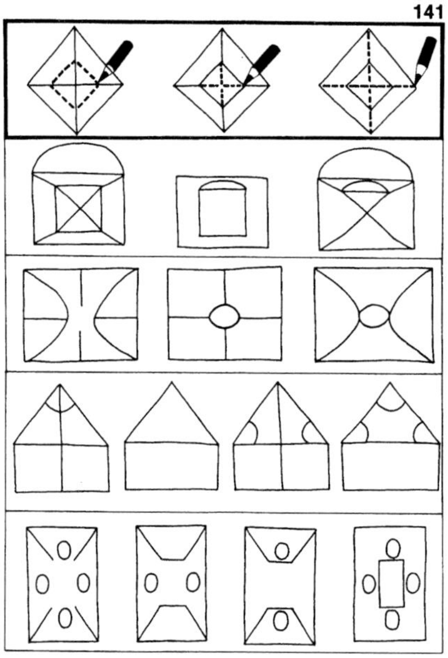

142

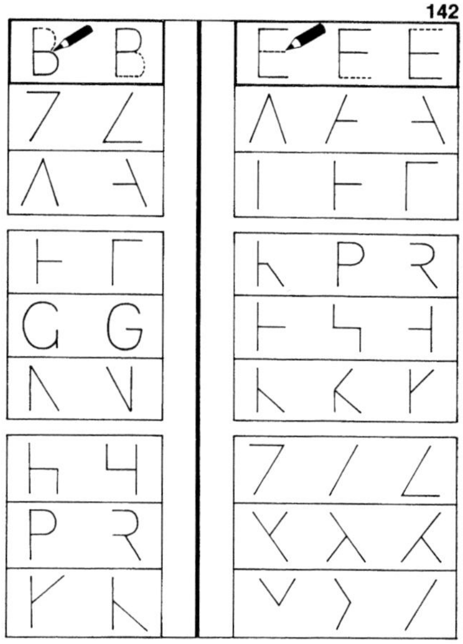

143

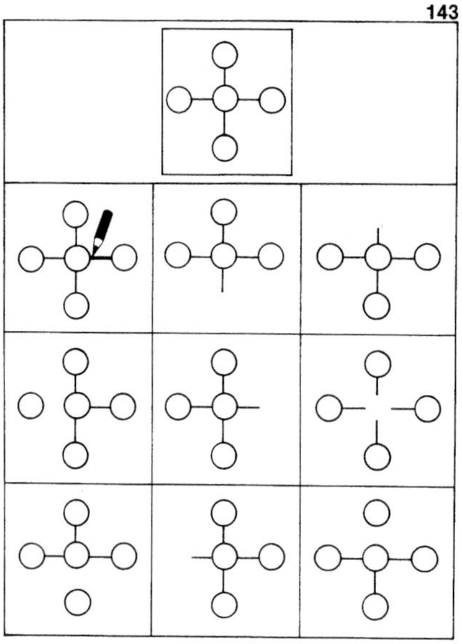

144

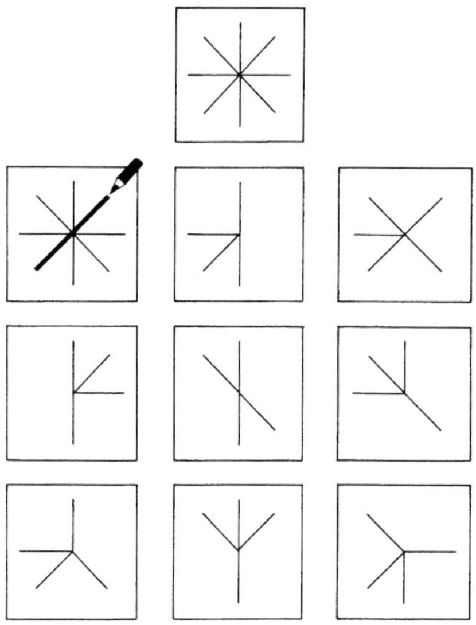

145

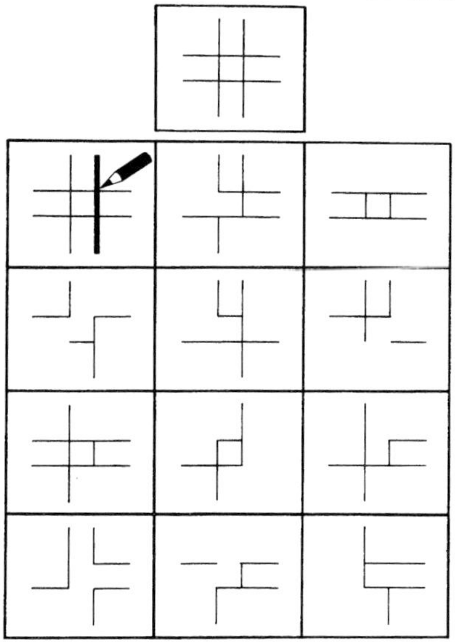

146

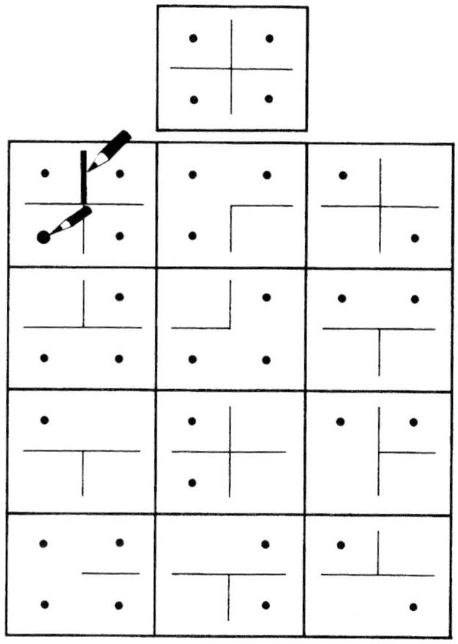

147

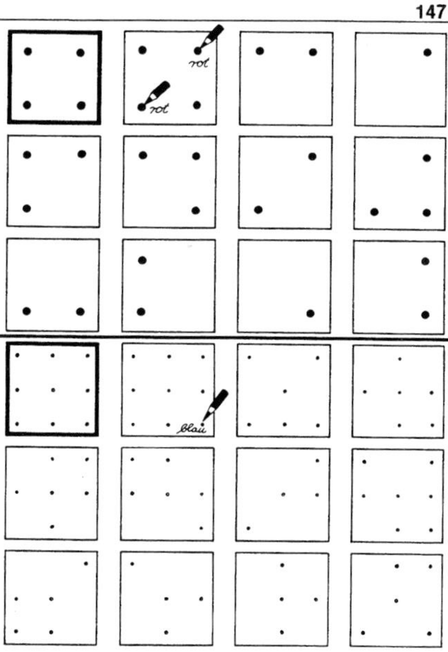

148

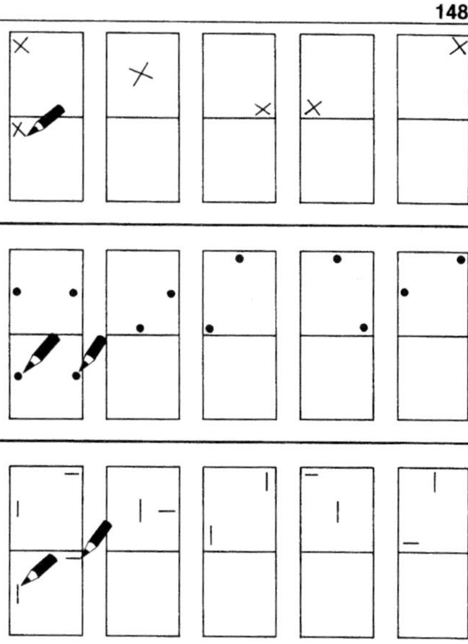

149

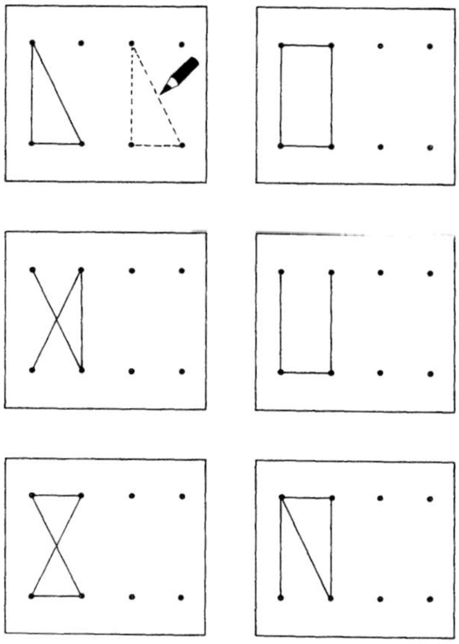

150

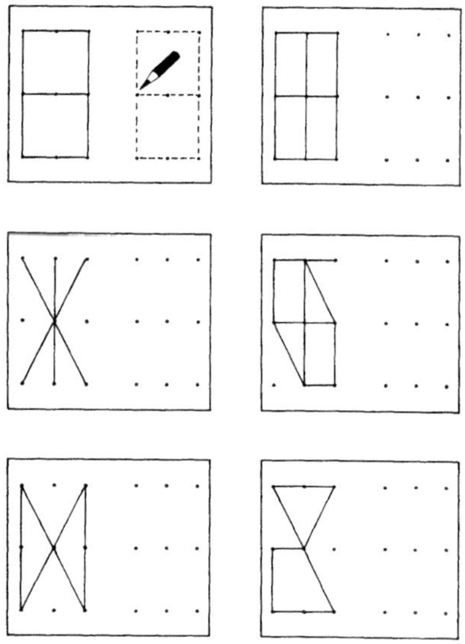

151

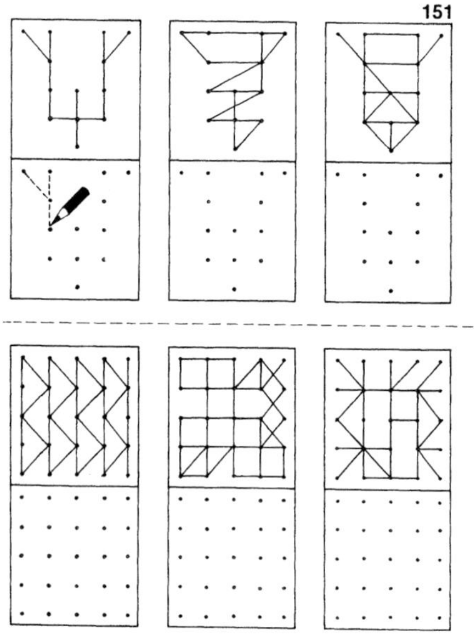

152

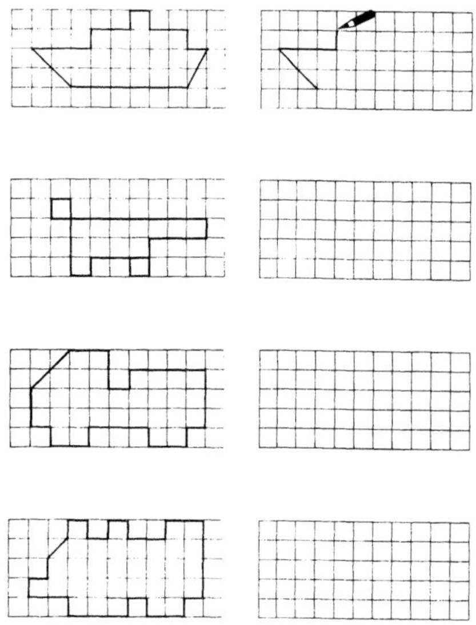

153

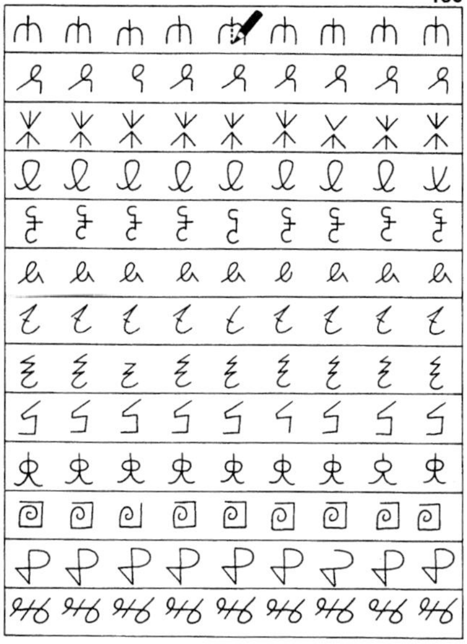

154

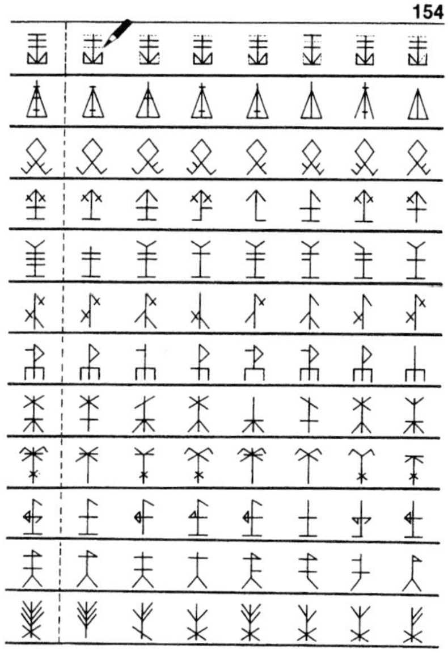

155*

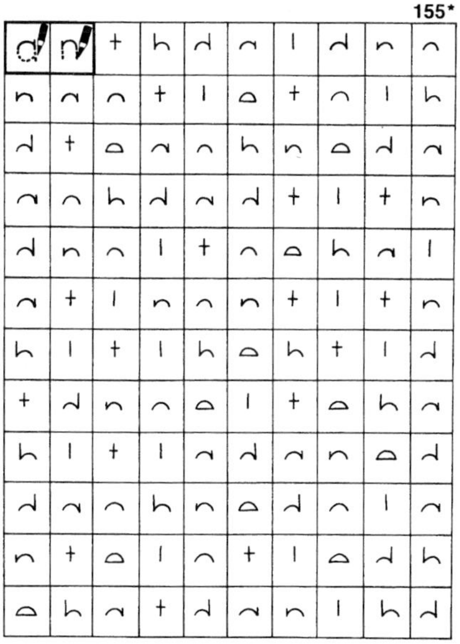

156*

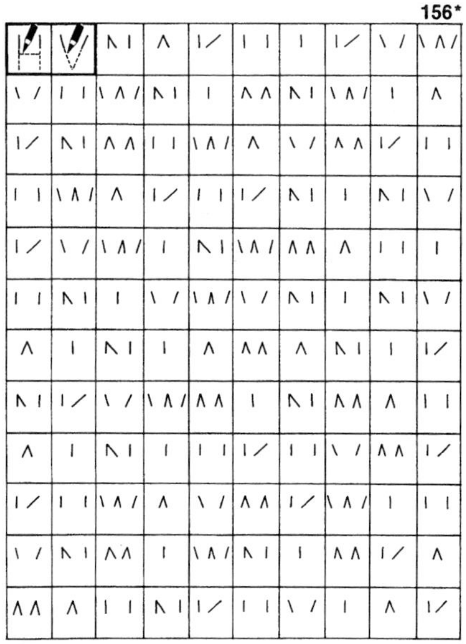

21. Folgen

Im vorliegenden Kapitel sind nur einige Beispiele für Folgen gegeben, in denen Formelemente des Programms auftreten und zahlreiche skriptographische Begriffe zu finden sind. Hinweise zur Einführung in diesen Themenbereich finden sich bei *Ottmann/ Heidtmann/Stumpf* (1980, S. 113 ff.).

Fünf »Takte« einer Folge befinden sich in der oberen Zeile. In weiteren sieben Zeilen wiederholen sich zwei bzw. drei Zeichen (»Takte«) einmal (157).
— Die Gesetzmäßigkeiten der Folgen sind zu erkennen, und die Folgen sind weiterzuführen.

Acht Zeilen sind mit Folgen ausgefüllt. In der oberen Zeile ist ein »Takt« durch Umkreisung (als nichtverbale Anweisung) gekennzeichnet (158).
— Die »Takte« sind durch Umkreisungen zu kennzeichnen.

Auf Rechenkästchen sind die Anfänge von Folgen dargestellt (159).
— Die Folgen sind fortzusetzen.

In einem Gitternetz sind geometrische Figuren bzw. Zeichen angeordnet (»zweidimensionale Folge«) (160).
— Die Folgen sind nach zwei Seiten (nach rechts und nach unten) fortzusetzen.
Die zweidimensionalen Folgen (Folgen, die sich in der Fläche ausbreiten) ergeben ein (regelmäßiges) Muster (zum Themenbereich »Muster legen« vgl. Kapitel II/27).

Der Schwierigkeitsgrad variiert durch
— die Größe der »Takte«,
— die Art der geforderten Aktivitäten (Folgen fortsetzen, »Takte« finden, falsche Glieder streichen, fehlende Glieder ergänzen),
— Wiederholungen von Einzelelementen innerhalb der »Takte«,
— die Ähnlichkeit der Einzelelemente innerhalb der »Takte«,
— die Erhöhung der Aufgabenzahl pro Arbeitsblatt,
— die in den Folgen enthaltenen Gesetzmäßigkeiten,
— die Art der Anweisungen (verbal oder nichtverbal),
— die Größe der Abstände zwischen den »Takten« und den Einzelelementen.

157

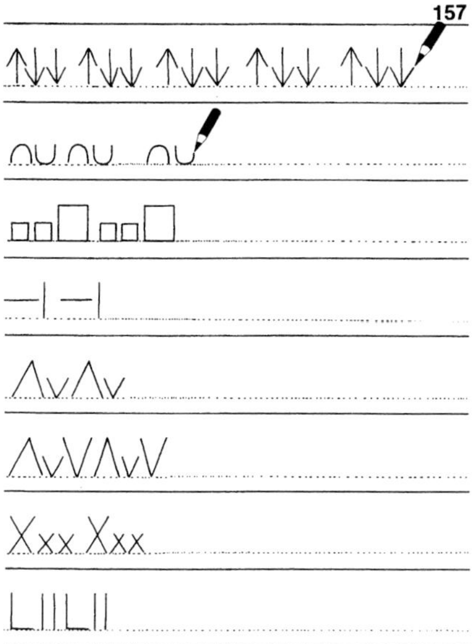

158

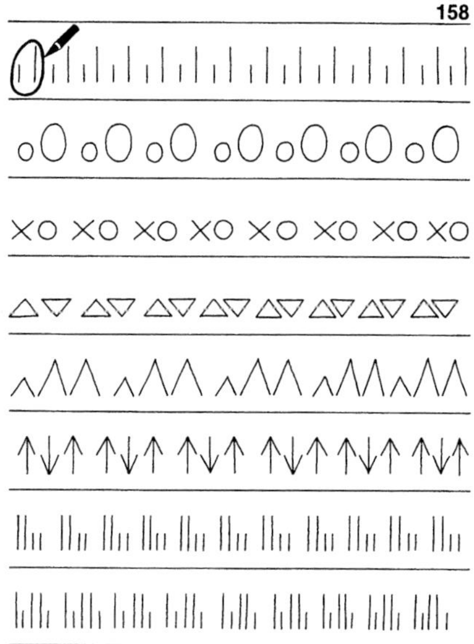

159

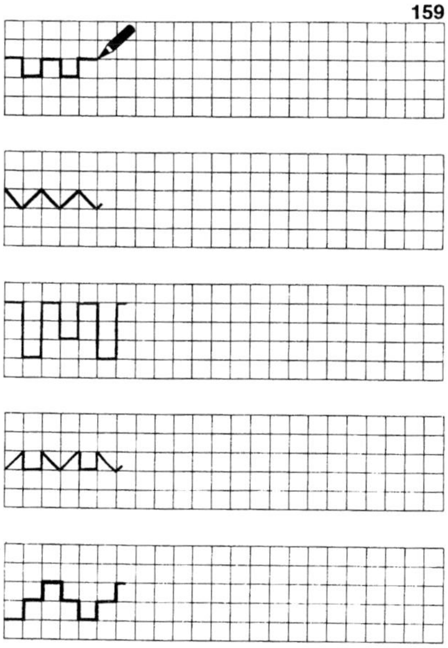

160

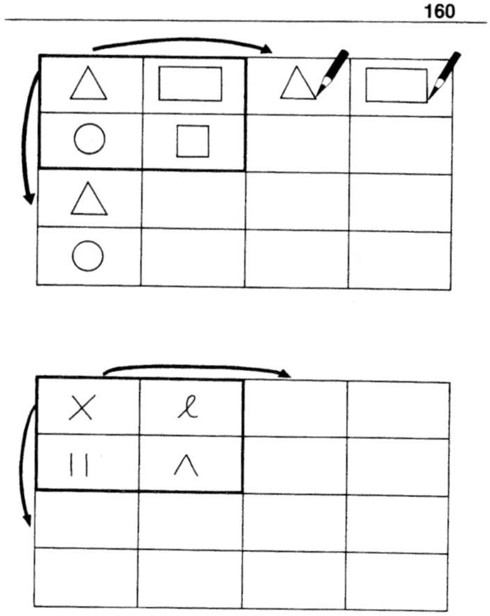

22. Gleiche gegenständliche Abbildungen oder Zeichen, angeordnet in Zeilen, aus ähnlichen heraussuchen und kennzeichnen

Dieses Kapitel ist eine Fortsetzung von Kapitel II/10 (»Ähnliche gegenständliche Abbildungen, über das ganze Blatt verteilt, heraussuchen und kennzeichnen«), nur mit dem Unterschied, daß die Anordnung der Abbildungen/Zeichen in Zeilen erfolgt (Lese-Schreibrichtung!) anstatt einer Verteilung über das ganze Blatt. Sämtliche skriptographischen Begriffe kommen wieder vor.

In sieben Zeilen sind fünf ähnliche gegenständliche Abbildungen angeordnet. Eine Abbildung in der Zeile sieht so aus wie die vorne vorgegebene (161).
— Die Abbildung, die so aussieht wie vorne vorgegeben, ist anzukreuzen.

In sechs Zeilen sind fünf ähnliche gegenständliche Abbildungen angeordnet. Alle Gegenstände sind in veränderter Lage (der Einzelbilder zueinander) abgebildet. Eine Abbildung in der Zeile entspricht der vorne vorgegebenen (162).
— Die Abbildung, die der vorderen entspricht, ist herauszusuchen.
— Die beiden entsprechenden Abbildungen sind gleich anzumalen.

In 10 Zeilen sind jeweils sieben ähnliche Abbildungen vorhanden. Einzelne identische Formelemente sind abzählbar (vgl. Kapitel II/9, »Mengenerfassung bis drei bei gleichartigen Elementen«). Jede Abbildung am Anfang taucht in gleicher Anordnung in der Zeile wieder auf (163/164).
— Gleiche Abbildungen sind gleich anzumalen.

Je Blatt befinden sich in 12 Zeilen zahlreiche Zeichen. Am Anfang jeder Zeile ist jeweils ein Zeichen vorgegeben, das einmal oder häufiger in der Zeile wieder vorkommt (165-170).
— Zeichen, wie vorne vorgegeben, sind herauszusuchen und zu umkreisen oder durch farbige Punkte zu kennzeichnen.

Der Schwierigkeitsgrad ändert sich durch
— die Anzahl der Zeichen pro Blatt/Zeile,
— die Ähnlichkeit der Abbildungen/Zeichen untereinander,
— eine verschiedene Anzahl der richtigen Lösungen,
— die Anzahl der Einzelelemente der Abbildungen/Zeichen.

23. Details suchen

Die in diesem Abschnitt vorliegenden Arbeitsblätter bilden das Gegenstück zu Kapitel II/14, »Gleiche Umrisse«. Ähnliche Übungen finden sich in diesem Programm überall dort, wo etwas, das vorne vorgegeben wurde, aus Zeilen herausgesucht werden soll.

In acht Zeilen befinden sich je fünf Abbildungen, die ein Detail enthalten, das einzeln am Anfang der Zeile in gleicher Größe oder größer steht (171 bzw. 172).
— Das gefundene Detail ist durch Farbe zu kennzeichnen (171).
— Die Abbildung mit dem entsprechenden Detail ist zu umkreisen (172).

Der Schwierigkeitsgrad ändert sich durch
— den Grad der Ähnlichkeit der Details,
— die Menge ähnlicher Details bzw. Abbildungen pro Zeile.

161

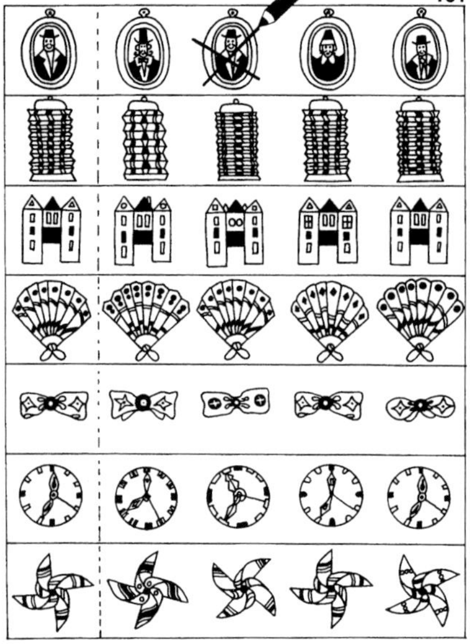

162

163

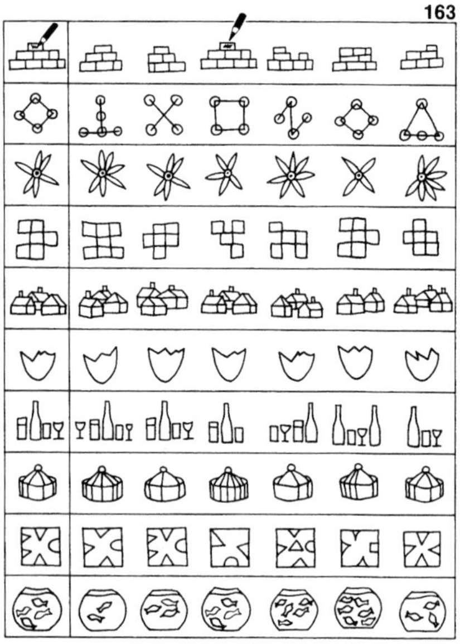

164

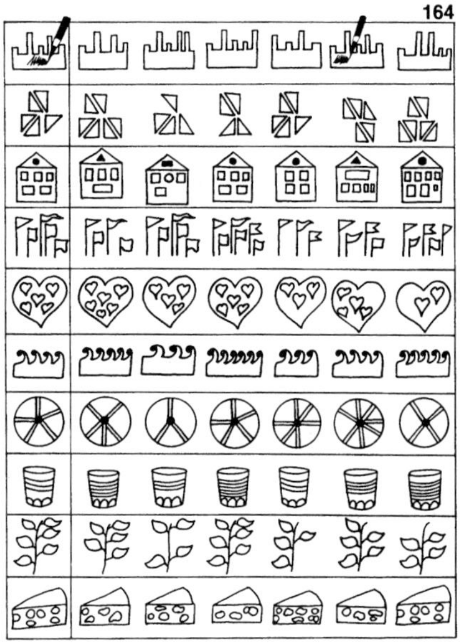

165

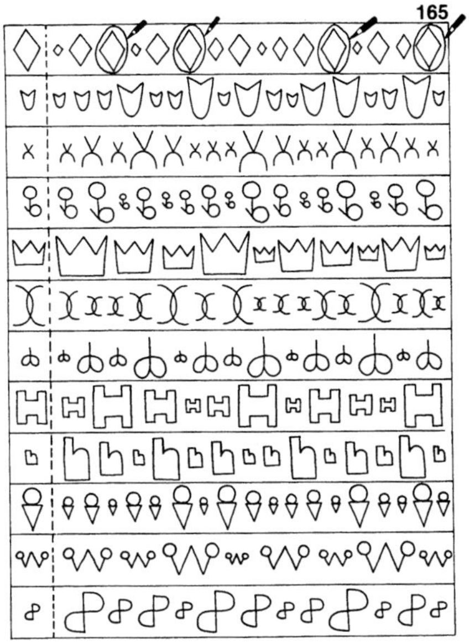

166

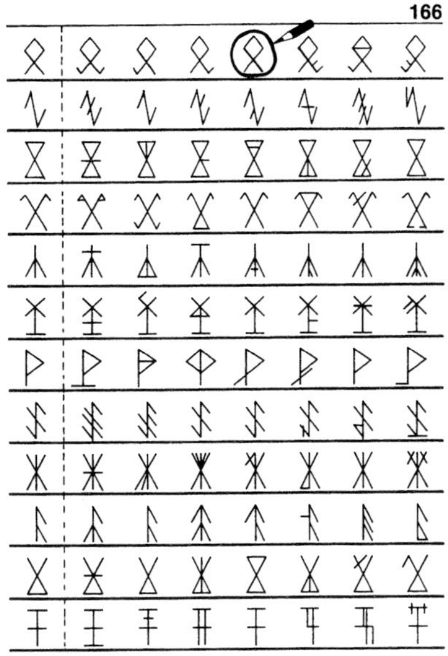

167

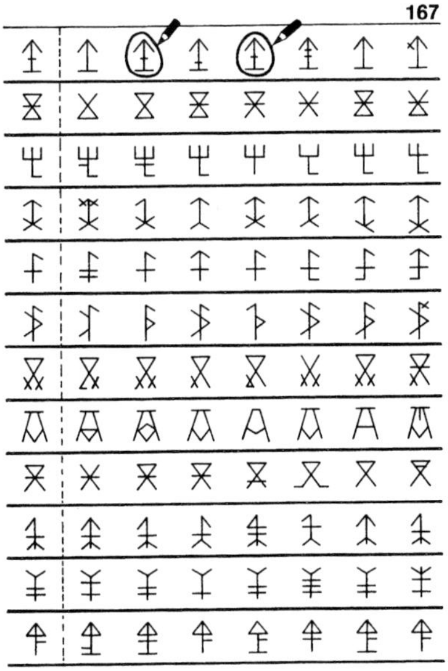

168

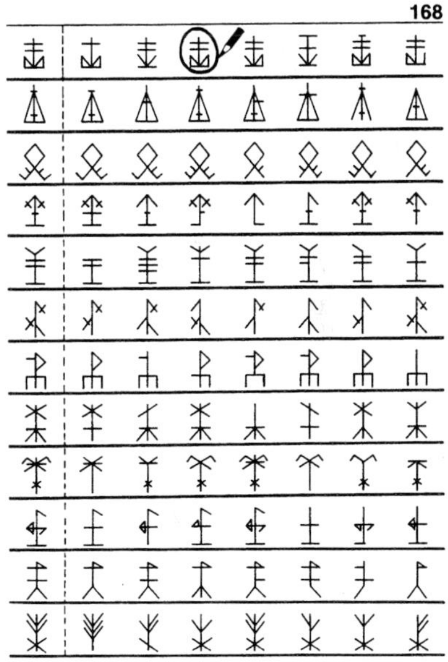

169

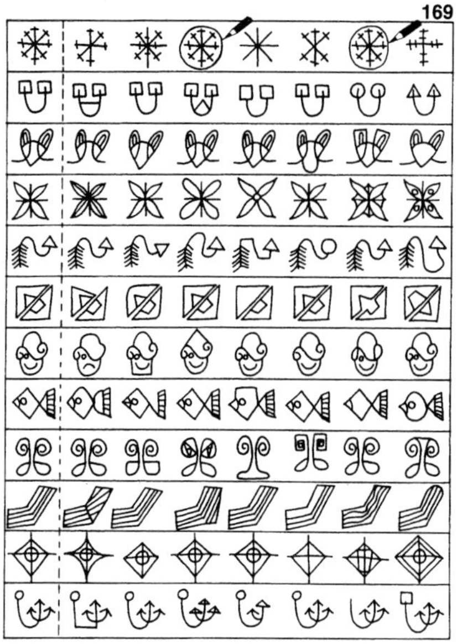

170

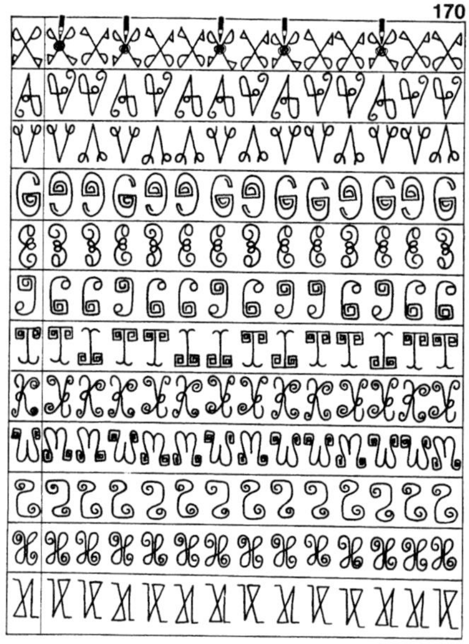

171

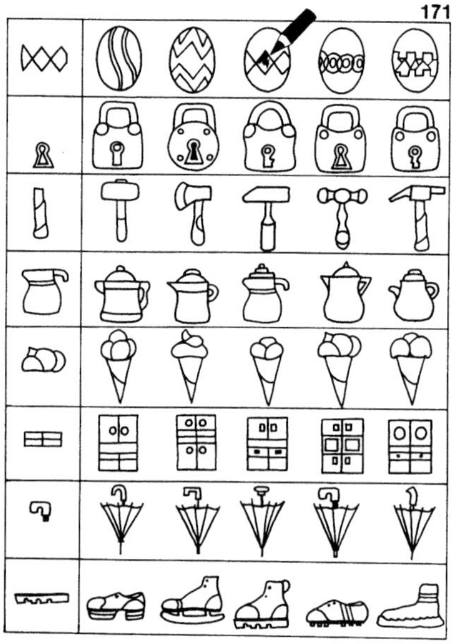

172

24. Fehler finden – Was ist anders?

In acht Zeilen befinden sich jeweils fünf gleiche gegenständliche Abbildungen, von denen eine in eine andere Richtung weist (vgl. Kapitel II/19, »Oben – unten / links – rechts«) (173).

— Die abweichende Abbildung wird durchgestrichen.

Jeweils mehrere Zeichen befinden sich in 12 oder 13 Zeilen (174-176).

— Die Abbildung, die von den anderen in der Zeile abweicht, wird durchgestrichen (174/175).

— Die abweichende Abbildung wird eingekreist (176).

Der Schwierigkeitsgrad erhöht sich durch

— größere Ähnlichkeit der Abbildungen untereinander,

— eine größere Anzahl von Abbildungen pro Zeile/Blatt.

173

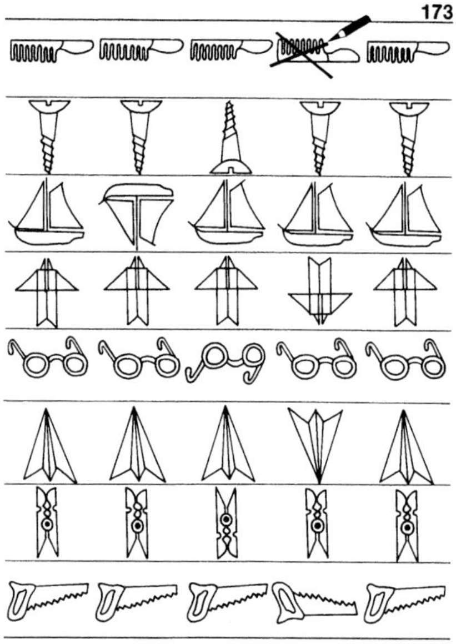

174

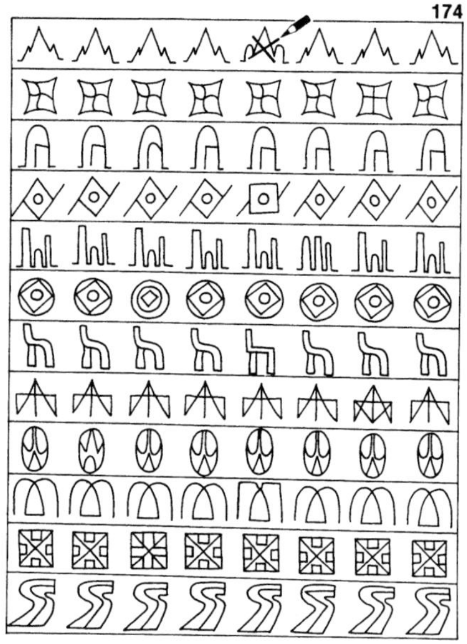

175

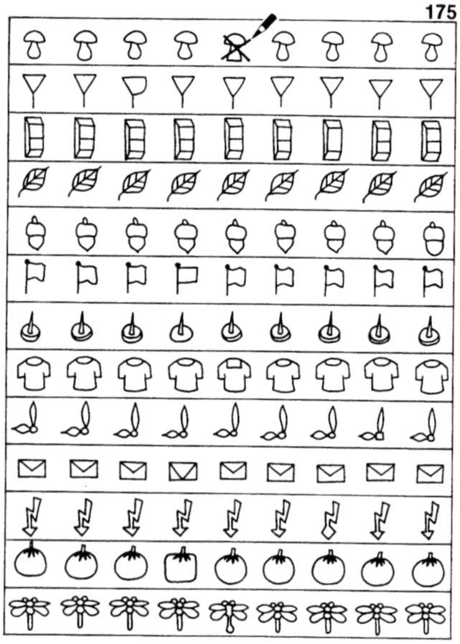

176

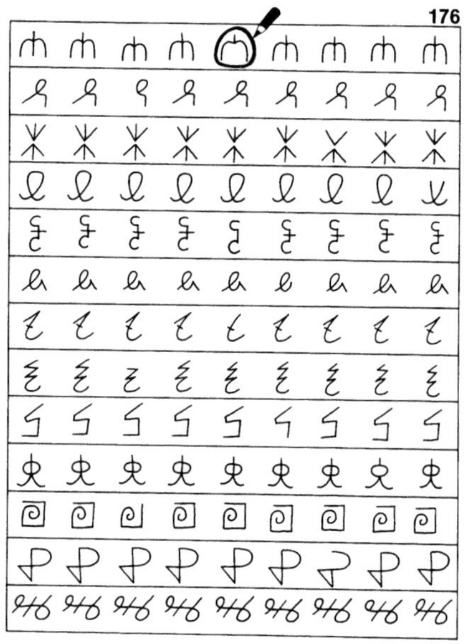

25. Waagerecht – senkrecht – schräg

Zusätzlich zu den Begriffen »waagerecht« und »senkrecht« (vgl. Kapitel II/18) wird der Begriff »schräg« eingeführt.

Verschiedene Rechtecke sind waagerecht, senkrecht oder schräg auf dem Blatt angeordnet (177/178).
— Die Felder der einzelnen Gruppen von Rechtecken, die sich durch ihre Lage unterscheiden, werden durch Striche voneinander getrennt (vgl. hierzu die Blätter Nr. 118 und 119 in Kapitel II/18 sowie Kapitel II/16, »Visuomotorische Koordinationsübungen«).
— Die Rechtecke in gleicher Lage werden gleich angemalt (wie bei den Blättern Nr. 118 und 119).

Stäbchen in vier verschiedenen Lagen (waagerecht, senkrecht, schräg nach links oder schräg nach rechts) sind auf einem Blatt angeordnet. (Anzahl der Figuren: 1. Figur – 5, 2. Figur – 2, 3. Figur – 5, 4. Figur – 3) (179/180)
— Stäbchen verschiedener Farbe (für die verschiedenen Lagen, die benannt werden) werden auf die Abbildungen gelegt.
— Stäbchen gleicher Lage werden gleich angemalt.
Alternativ:
— Eintragung von nichtverbalen Anweisungen (zwei, drei oder vier bestimmte Lagen kennzeichnen) in Blatt Nr. 180.

Streichhölzer in acht verschiedenen Lagen bzw. nach verschiedenen Richtungen orientiert sind abgebildet. (Anzahl der Figuren: 1. Figur – 2, 2. Figur – 1, 3. Figur – 3, 4. Figur – 4, 5. Figur – 3, 6. Figur – 4, 7. Figur – 5, 8. Figur – 3) (181/182)
— Auf die Abbildungen sind Streichhölzer zu legen. Die Lagen/Richtungen sind genau einzuhalten und zu beschreiben/benennen.
Alternativ:
— Zur Verringerung des Schwierigkeitsgrades sind in Blatt Nr. 182 weniger als acht verschiedene Lagen herauszusuchen bzw. zu kennzeichnen. Eintragung von nichtverbalen Anweisungen in Blatt Nr. 182 (z. B. durch Farbpunkte: »rot« bedeutet »senkrecht nach oben weisend« usw.).

Gitarren und Flöten in jeweils vier verschiedenen Schräglagen sind auf einem Blatt angeordnet. (Anzahl der Figuren: 1. Gitarre – 7, 2. Gitarre – 10, 3. Gitarre – 4, 4. Gitarre – 9; 1. Flöte – 7, 2. Flöte – 7, 3. Flöte – 6, 4. Flöte – 6) (183-186)
Bei den Blättern Nr. 183 bis 185 sind beispielhaft verschiedene nichtverbale Anweisungen zur Abstufung des Schwierigkeitsgrades aufgeführt. Weitere Abstufungen sind mit Hilfe des Blattes Nr. 186 möglich.
— Bestimmte Gegenstände in bestimmter Lage sind (durch Farbe oder Kreise) zu kennzeichnen.

120 Zeichen, charakterisiert durch jeweils zwei Formelemente (lange und kurze Striche), die entweder waagerecht, senkrecht oder schräg (nach links oder rechts) ausgerichtet sind, sind abgebildet (187*/188*).
— Bestimmte Zeichen sind herauszusuchen und zu kennzeichnen (durch Farbe, Kreuze, Kreise).

Der Schwierigkeitsgrad variiert durch
— die Anzahl der Abbildungen pro Blatt,
— die Anzahl der Formelemente,
— die Ähnlichkeit der Formelemente untereinander,
— den Grad der Schrägung (Abweichung von »waagerecht« und »senkrecht«).

177

178

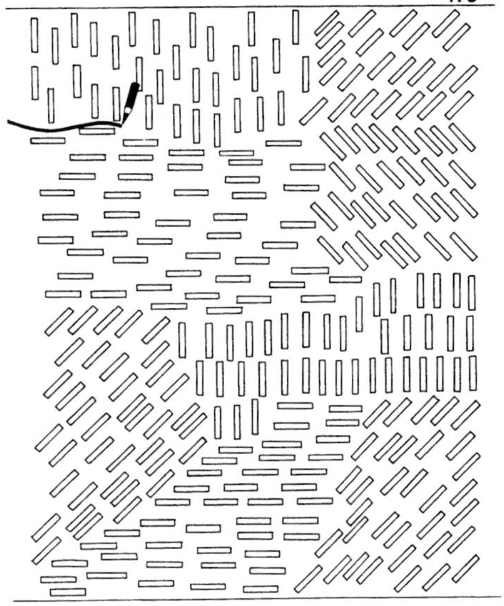

179

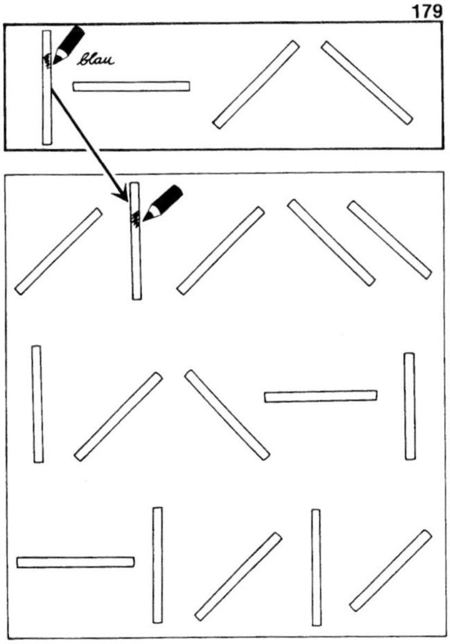

180

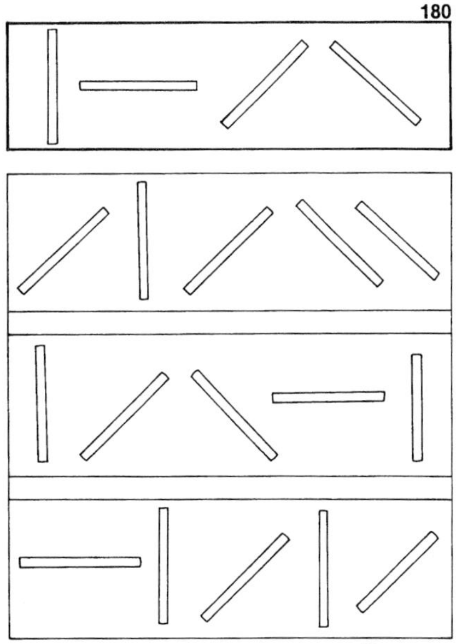

181

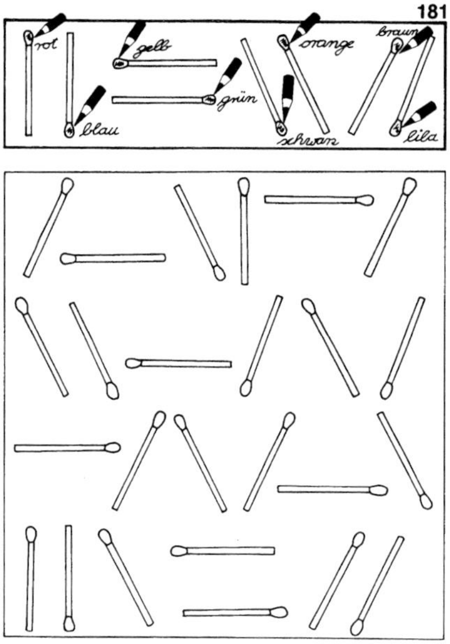

182

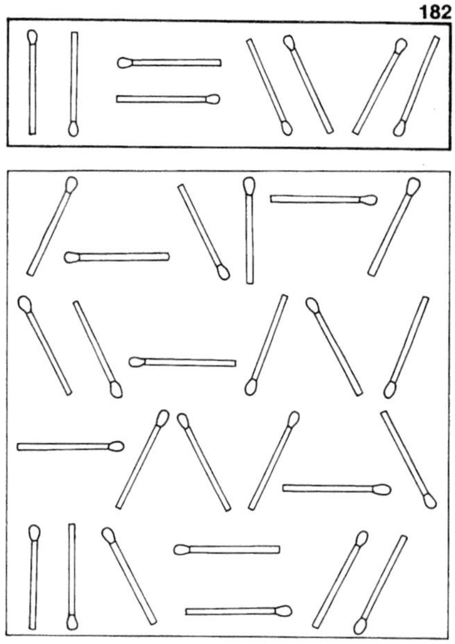

183

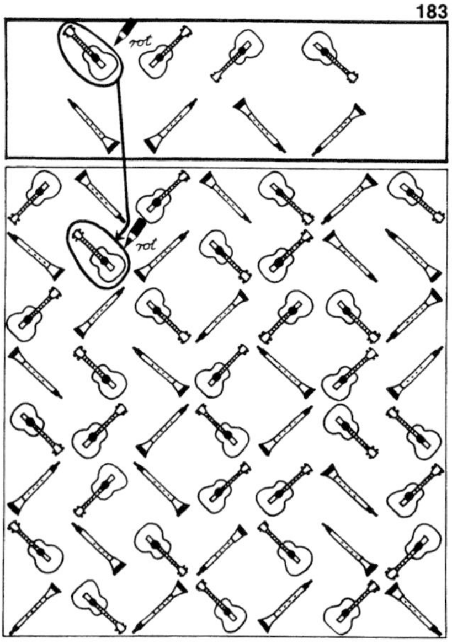

184

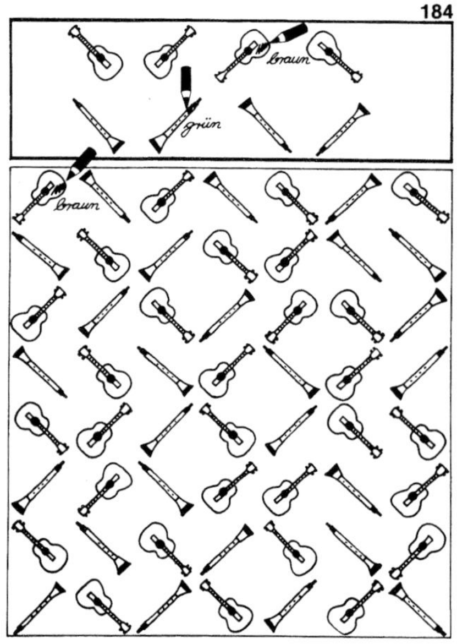

185

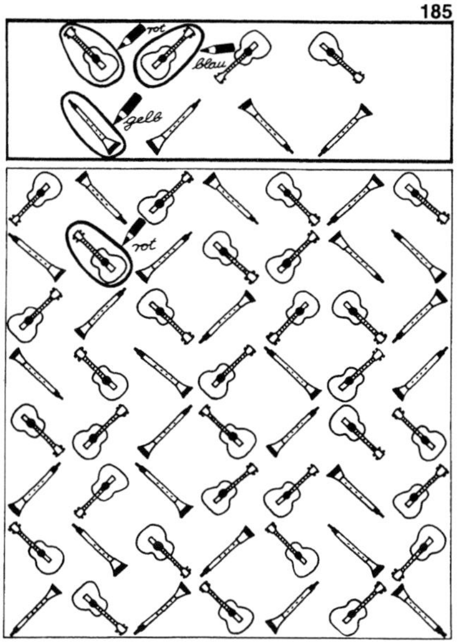

186

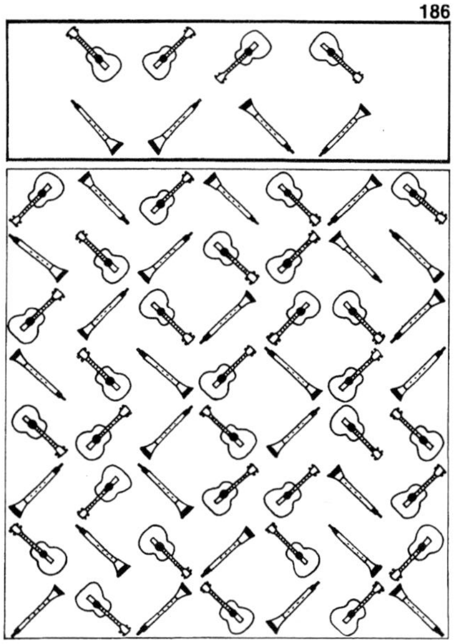

187*

188*

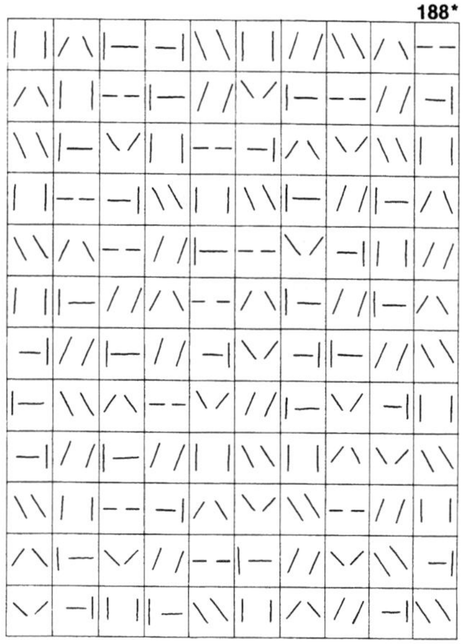

26. Symmetrie

Symmetrische Elemente finden sich überall in der Umwelt. Daran knüpft Blatt Nr. 189 an. Auch viele Buchstaben weisen ein symmetrisches Konstruktionsprinzip auf. Im Verlauf der Erarbeitung dieses Abschnittes sind Buchstaben auf Symmetrieeigenschaften zu untersuchen. Übungen hierzu finden sich bei *Ottmann* (1980, Mappe 9). Eine gute Vorübung, die von Vorschulkindern gerne durchgeführt wird, ist das Spiel »Zauberspiegel«, bei dem Bildkarten an einer Spiegelkante verschoben werden. Dabei entstehen interessante symmetrische Phantasiefiguren, die benannt werden können. (Das Spiel dient gleichzeitig als Sprechanreiz.)
Bei den Blättern Nr. 192 und 195 bis 201 können die Spiegelachsen durch Drehung der Blätter verändert werden (von senkrechten über schräge zu waagerechten Spiegelachsen).

Körperteile (von Menschen oder Tieren), die als symmetrische Paare auftreten, sind abgebildet. Im oberen Abschnitt befinden sich Teile mit einem freien Feld daneben, im unteren auf Einzelkärtchen (189).
— Die Einzelkärtchen sind auszuschneiden und im oberen Abschnitt paarweise zuzuordnen und aufzukleben.
Vergleiche hierzu auch Kapitel II/12, »Je zwei gleiche Abbildungen finden«, und Kapitel II/13, »Zuordnung: gleiches Muster (gleiche Details) – gleiche Form«, sowie Zuordnungsübungen an verschiedenen Stellen dieses Programms.

Vier Abbildungen von Häusern sowie dazugehörige Spiegelbilder sind dargestellt (Symmetrieachse bzw. Spiegelachse senkrecht) (190).
— Die Abbildungen sind mit ihren Spiegelbildern durch Striche zu verbinden.
— Die Abbildungen und ihre Spiegelbilder sind gleich anzumalen (beim Anmalen die Umkehrung der Seiten beachten!).

Mehrere Abbildungen von Häusern und Schiffen und dazugehörige Spiegelbilder sind dargestellt (Symmetrieachse waagerecht) (191).
— Die Abbildungen sind mit ihren Spiegelbildern durch Striche zu verbinden.
— Die Abbildungen und deren Spiegelbilder sind entsprechend anzumalen.

Mehrere aus bis zu drei identischen Formelementen (Striche, Kreise) bestehende Abbildungen und ihre Spiegelbilder sind abgebildet (192).
— Die Abbildungen sind durch Striche mit ihren Spiegelbildern zu verbinden.

Symmetrische gegenständliche und abstrakte Abbildungen sind bis zur Spiegelachse vorgegeben (193-201).
Als Orientierungs-/Zeichenhilfen sind Punkte (Nr. 197-199) und Rechenkästchen (Nr. 200/201) vorhanden. Gegebenenfalls sind Spiegel als Hilfsmittel zu verwenden.
— Die fehlenden Hälften (d.h. die Spiegelbilder) sind zu zeichnen.
Vergleiche auch Kapitel II/20, »Fehlendes ergänzen«.

11 verschiedene Formen aus bis zu drei identischen Formelementen (vgl. Kapitel II/9, »Mengenerfassung bis drei bei gleichartigen Elementen«) sind so auf 12 Felder verteilt, daß die Ränder der Felder jeweils einer Spiegelachse der Formen entsprechen (202).
— Das Blatt ist entlang den Linien in 12 Quadrate zu zerschneiden und wieder zusammenzusetzen.
— Die Figuren werden angemalt.
— Leichtere Variante: Das Blatt wird zweifach verwendet. Ein Exemplar wird zerschnitten, das andere bleibt ganz. Nach der Vorlage werden die Einzelteile wieder zusammengesetzt (vgl. auch Kapitel II/27, »Muster legen«).

Der Schwierigkeitsgrad variiert durch
— die Aufgabenzahl pro Blatt,
— die Art der Bearbeitung (Abbildungen durch Striche mit den Spiegelbildern verbinden, Spiegelbilder exakt konstruieren oder nur ungefähr zeichnen),
— Konstruktionshilfen (Spiegel, Punktraster, Rechenkästchen),
— die Lage der Spiegelachsen (waagerecht, senkrecht oder schräg),
— die Anzahl und die Art (z. B. gerade, kreisförmig) der Details oder der Abbildungen (Abbildungen von bekannten Gegenständen oder abstrakte Darstellungen).

27. Muster legen

Auf einem Blatt befindet sich in der oberen Hälfte ein aus sechs Quadraten zusammengefügtes Muster, darunter sechs Quadrate in ungeordneter Reihenfolge (203).
— Die unteren Quadrate sind auszuschneiden und entsprechend dem oberen Vorbild zusammenzusetzen.

Je viermal vier verschiedene Quadrate mit Stricheintragungen (diagonal, quer, durchgehend oder mit einem Knick von 90°) sind gegeben (204).
Auf vier Blättern sind Mustervorlagen - mit und ohne Hilfslinien - angegeben (205-208).
Die Blätter Nr. 205 bis 208 sind abschnittweise zu erarbeiten (Nummern im Kreis!).
— Die Quadrate sind auszuschneiden (204).
— Je vier Quadrate mit jeweils gleicher Stricheintragung aus den einzelnen Zeilen sind zu vorgegebenen Mustern zusammenzusetzen (204-206).
— Alle 16 Quadrate sind zu Mustern zusammenzufügen (204 und 207/208).
Ohne Hilfslinien ergibt sich eine erhebliche Erschwerung der Aufgaben (206 und 208).
Insbesondere die Vorlagen auf Blatt Nr. 208 weisen einen sehr hohen Schwierigkeitsgrad auf.

Der Schwierigkeitsgrad erhöht sich durch
— die Anzahl der Einzelelemente,
— das Weglassen von Hilfslinien,
— die Ähnlichkeit der Einzelelemente untereinander.

189

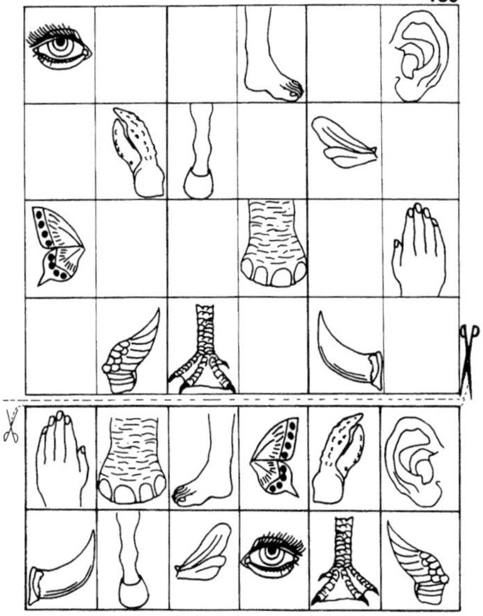

190

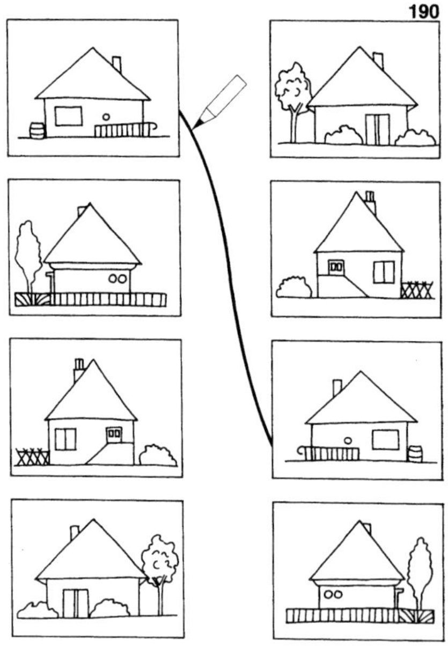

191

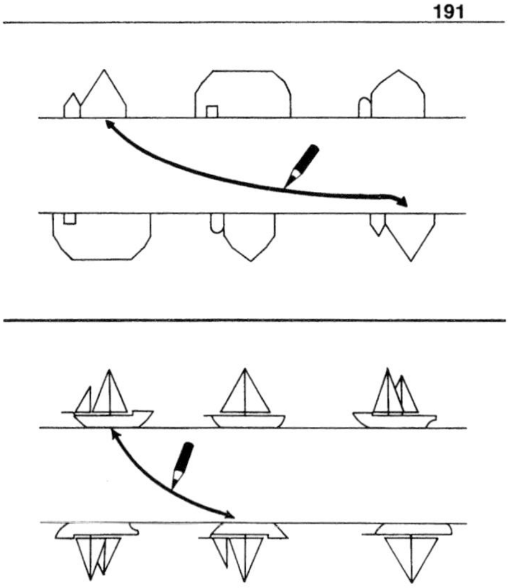

192

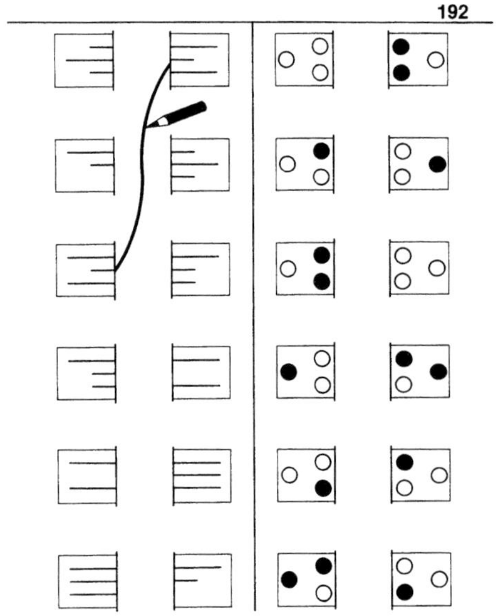

193

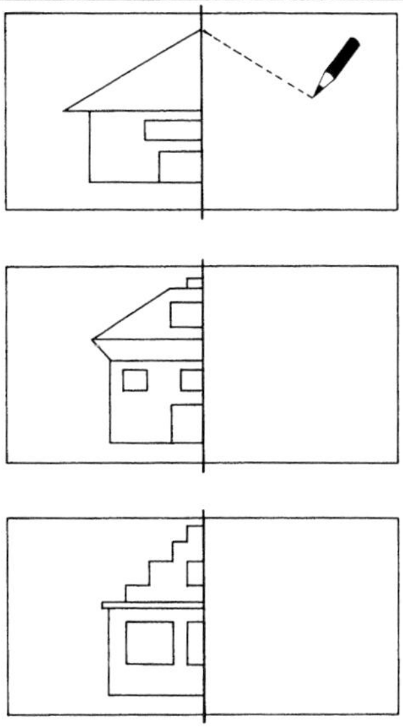

194

195

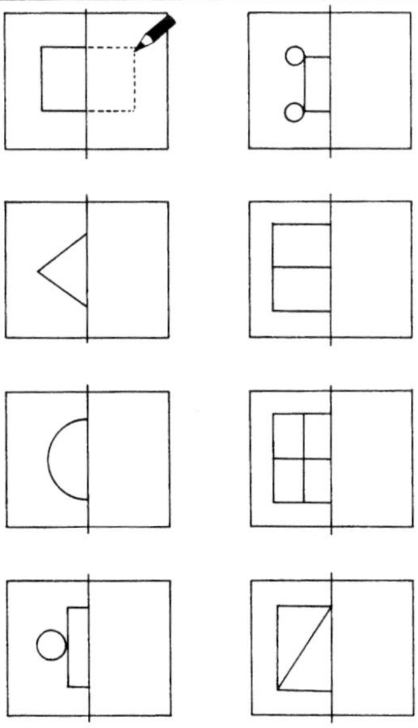

196

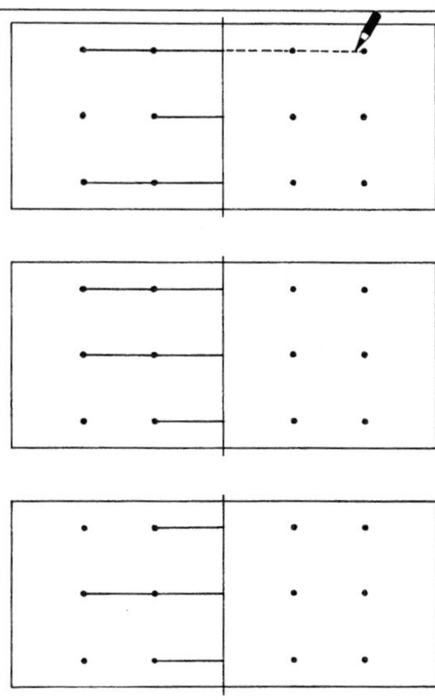

197

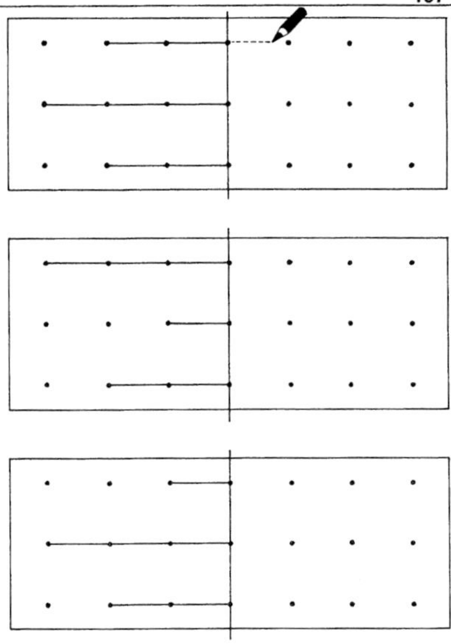

198

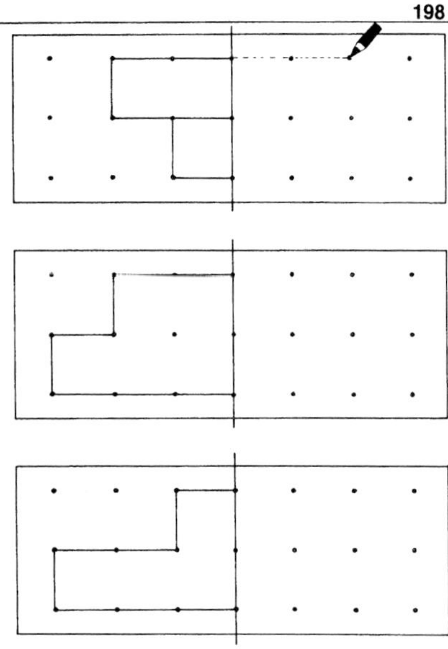

199

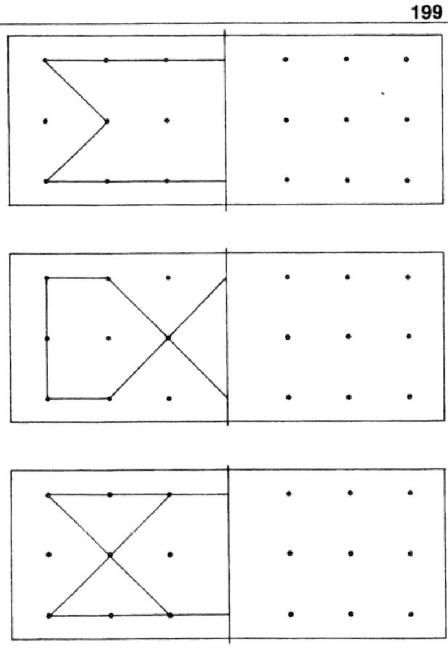

200

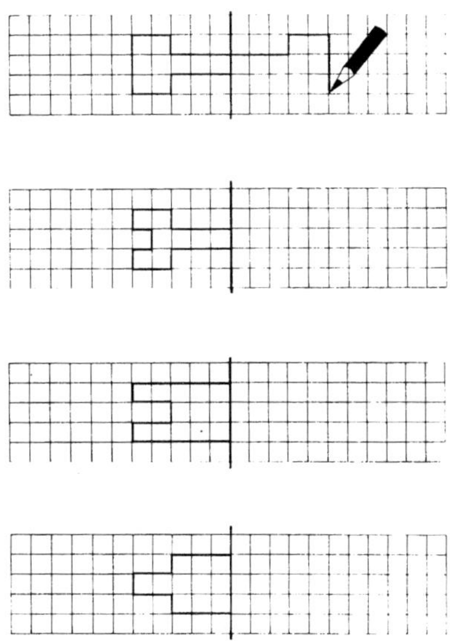

201

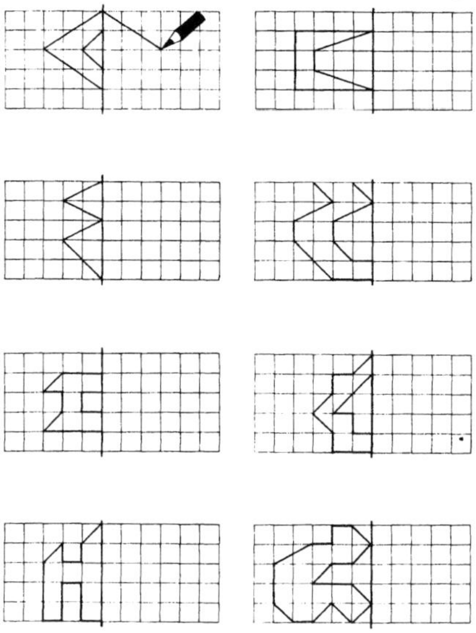

202

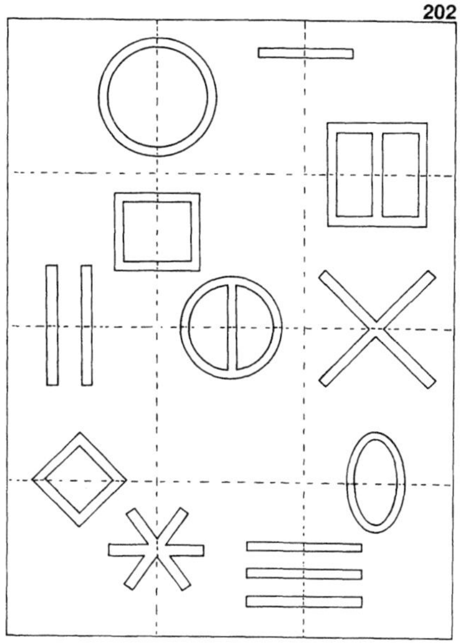

203

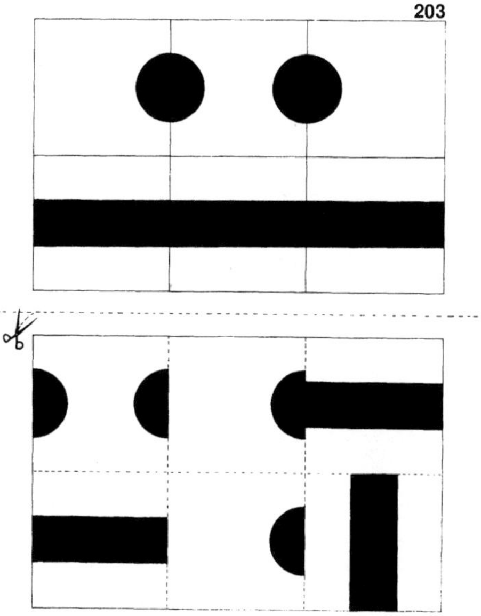

204

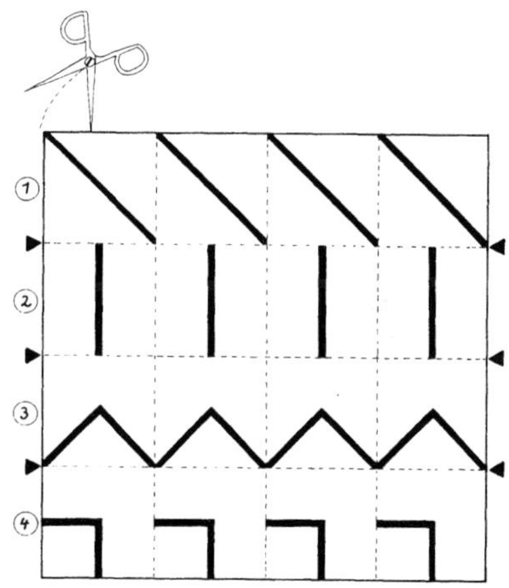

205

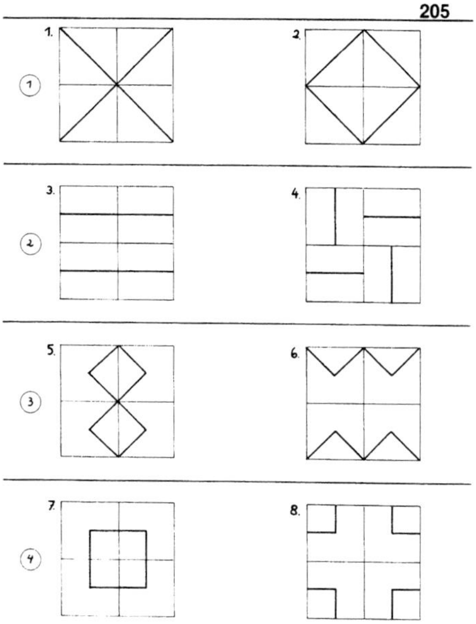

206

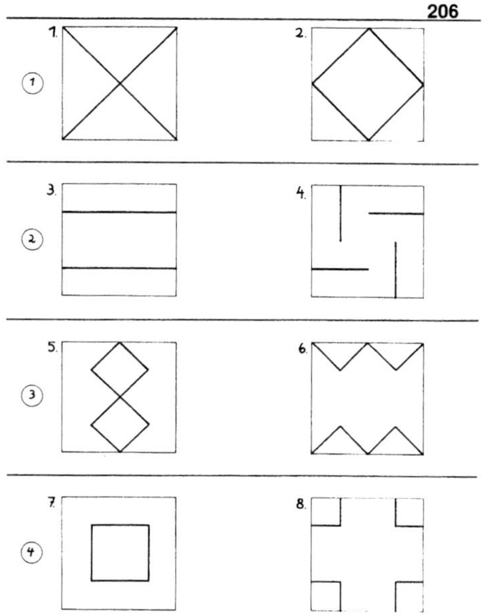

207

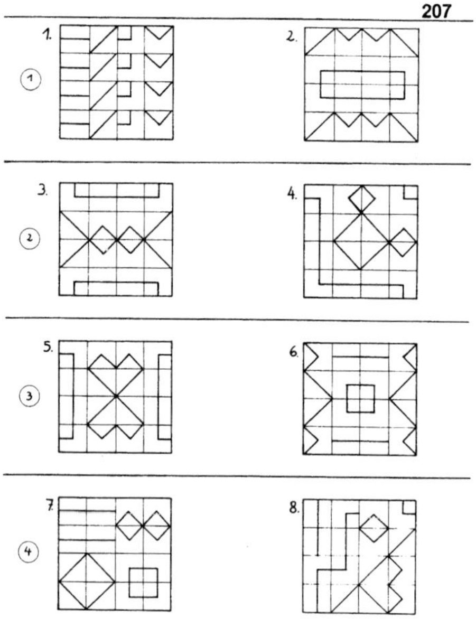

208

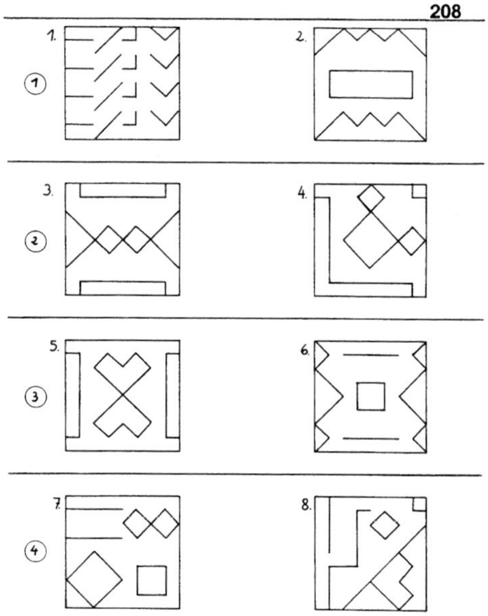

28. Flächenpropädeutik

Da sich bei Schriftzeichen zahlreiche geometrische Konstruktionsprinzipien finden, ergibt sich beim Umgang mit geometrischen Figuren (in diesem Kapitel beschränkt auf Flächen) eine Fülle von Übungsmöglichkeiten für skriptographische Begriffe (gerade, rund, Symmetrieeigenschaften, groß, klein usw.).

In vier viereckigen Rahmen befinden sich im unteren Abschnitt gegenständliche Abbildungen. Oben sind vier leere Vierecke (209).
— Die Bilder sind auszuschneiden, in den passenden Rahmen zu legen und dann aufzukleben.

Aus geometrischen Formen zusammengesetzte Bilder (Haus, Wagen) sind abgebildet. Darunter befinden sich die dazugehörigen Einzelteile (210-212).
— Die Einzelteile (geometrische Flächen) sind auszuschneiden und den Vorlagen entsprechend zusammenzusetzen.

Sieben Fahnen mit verschiedener Kennzeichnung im Innenfeld sind gegeben. Darunter befinden sich 10 Fahnen mit leeren Feldern (einige Fahnenumrisse sind doppelt!) (213).
— In die leeren Fahnenfelder sind die richtigen Zeichen (Striche, Kreise, Dreiecke) einzutragen (vgl. Kapitel II/14, »Gleiche Umrisse«).

Aus acht schraffierten geometrischen Formen sind Teile (kleine Kreise oder Quadrate) ausgespart, die in der Mitte angeordnet sind (214).
— Den ausgesparten Feldern sind die richtigen Teile durch Striche zuzuordnen (die Lage muß konstant bleiben!).
— Die Lücken sind entsprechend dem Umfeld zu schraffieren.

Quadrate, Kreise, Dreiecke und Ovale sind abgebildet (215/216).
— Es sind jeweils die vorgegebenen geometrischen Formen herauszusuchen und anzumalen.

Quadrate und Rechtecke verschiedener Größe und Lage sind abgebildet (217/218). (Anzahl der Abbildungen von Blatt Nr. 217: 1. Zeile, 1. Figur – 4, 2. Figur – 2, 3. Figur – 6; 2. Zeile, 1. Figur – 7; von Blatt Nr. 218: 1. Zeile, 1. Figur – 12, 2. Figur – 14, 3. Figur – 34, 5. Figur – 13).
— Bestimmte Flächen (gegebenenfalls nichtverbale Anweisungen eintragen!) sind herauszusuchen und zu kennzeichnen (durch Farbe, Ziffern, Zeichen).

In sieben Zeilen befinden sich jeweils sieben Kreise mit Kreisausschnitten. Nur je zwei pro Zeile sind gleich (bei konstanter Lage!) (219).
— Die beiden gleichen Figuren sind zu umkreisen.

Zahlreiche aus Kreisen und Quadraten bestehende Figuren sind über ein Blatt verteilt (weitere Merkmale: verschiedene Größen, schwarz ausgefüllte oder leere Felder). (Anzahl der Figuren: 1. Zeile, 1. Figur – 12, 2. Figur – 14, 3. Figur – 6, 4. Figur – 9, 5. Figur – 11, 6. Figur – 7; 2. Zeile, 1. Figur – 14, 3. Figur – 11) (220-222)
— Bestimmte Figuren sind herauszusuchen und zu kennzeichnen (durch Farbe, Kreuze, Kreise).
Für individuelle Aufgabenstellungen (durch nichtverbale Anweisungen) kann Blatt Nr. 222 verwendet werden.

Der Schwierigkeitsgrad variiert durch
— Merkmalskoppelungen (z. B. Blatt Nr. 220),
— die Art der geometrischen Formen,
— die Ähnlichkeit der geometrischen Formen,
— die Art der Bearbeitung (Kennzeichnen oder Ausschneiden).

29. Druckbuchstaben
In acht Zeilen stehen kurze Sätze. Am Anfang jeder Zeile sind einzelne Buchstaben vorgegeben (223).
— Die vorgegebenen Buchstaben sind herauszusuchen und zu umkreisen.
Zur Weiterführung dieser Übung sind Texte in Zeitungen, Zeitschriften o. ä. geeignet. Auch können Übungen mit Buchstaben verschiedener Schriftarten zusammengestellt werden. So können bestimmte Buchstaben, unabhängig von der Schriftart, oder nur Buchstaben einer bestimmten Schriftart herausgesucht werden.

Über ein Blatt sind verschiedene ähnliche eingekreiste Buchstaben verteilt (224).
— Alle Kreise mit einem »m« sind rot auszumalen.
— Alle roten Kreise sind durch Striche zu verbinden. (Es ergibt sich die Form einer Schere.)

Je 120 ähnliche Buchstaben (acht verschiedene pro Blatt) sind auf einem Blatt angeordnet (225*-232*).
— Bestimmte Buchstaben sind herauszusuchen und zu kennzeichnen.
Beispiele für nichtverbale Anweisungen finden sich in den Blättern Nr. 228* und 230*. In die übrigen Blätter lassen sich leicht nichtverbale Anweisungen eintragen. Je nach individuellem Leistungs-/Konzentrationsvermögen können unterschiedlich viele Buchstaben herausgesucht werden.

Auf einem Blatt befinden sich Buchstaben in verschiedenen Positionen (»tanzende« Buchstaben) (232*).
— Es sollen gleiche Buchstaben (unabhängig von deren Position!) herausgesucht und gekennzeichnet werden.

Der Schwierigkeitsgrad variiert durch
— die Ähnlichkeit der Buchstaben untereinander,
— die Anzahl der Buchstaben pro Zeile/Blatt,
— die Anzahl der gestellten Aufgaben.

209

210

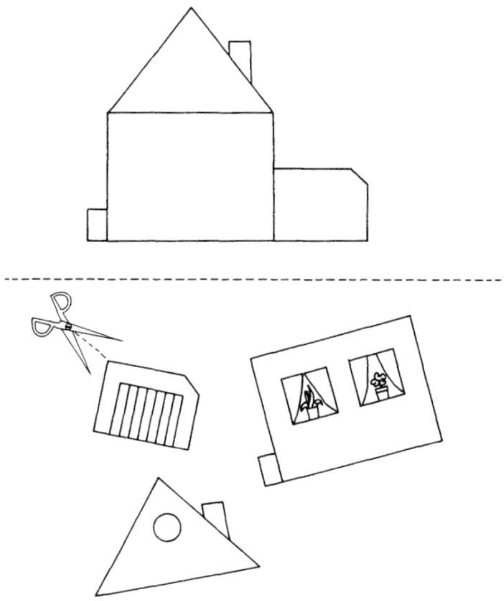

211

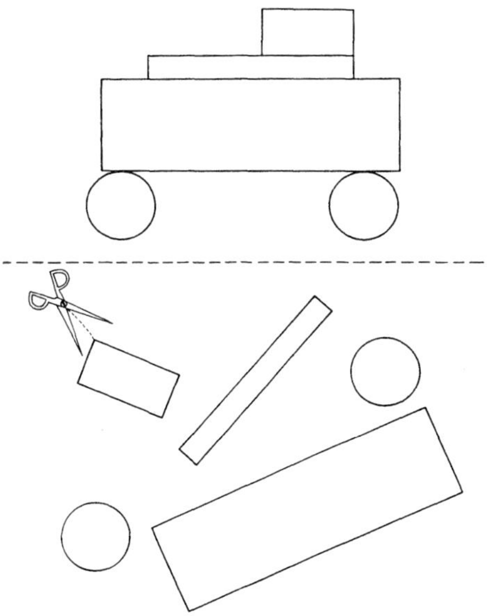

212

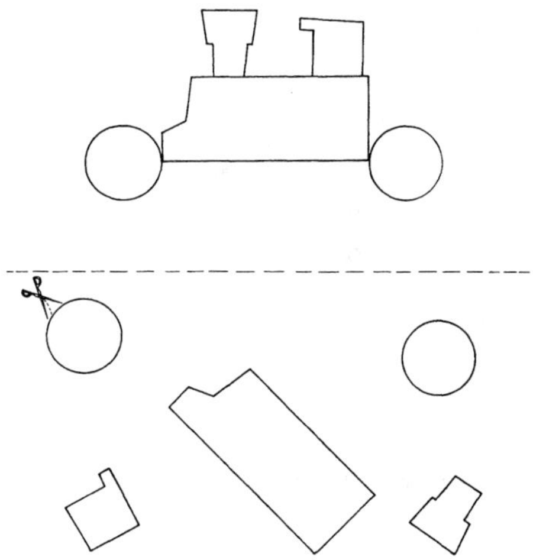

213

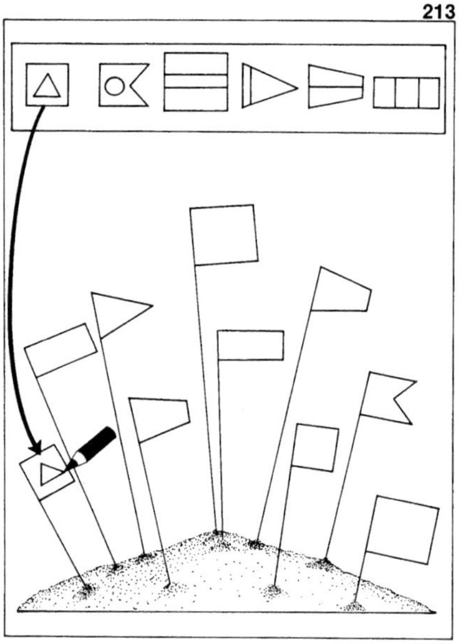

214

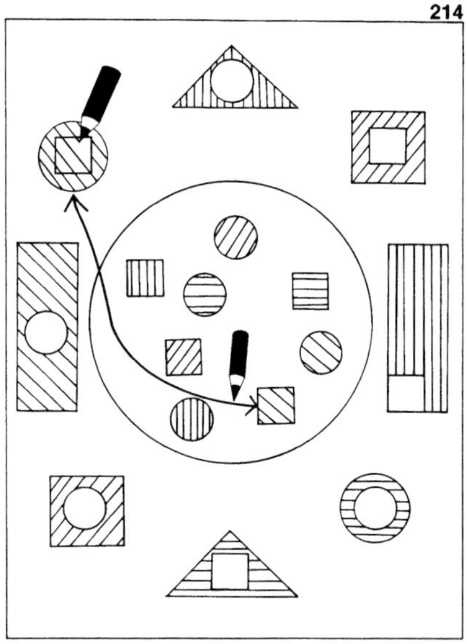

215

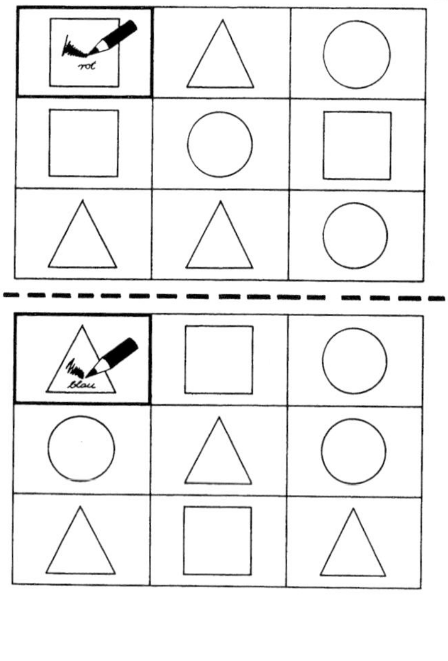

216

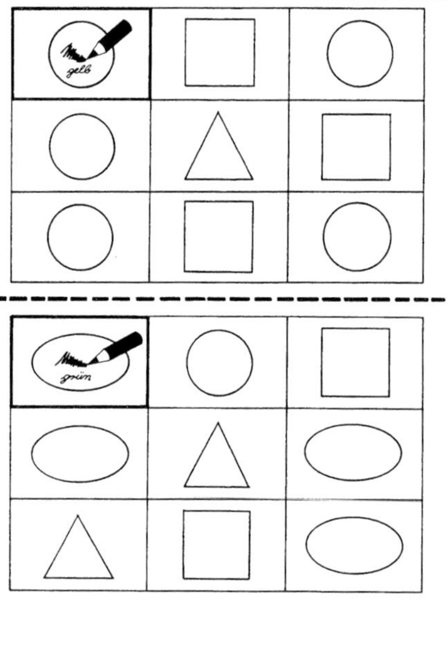

217

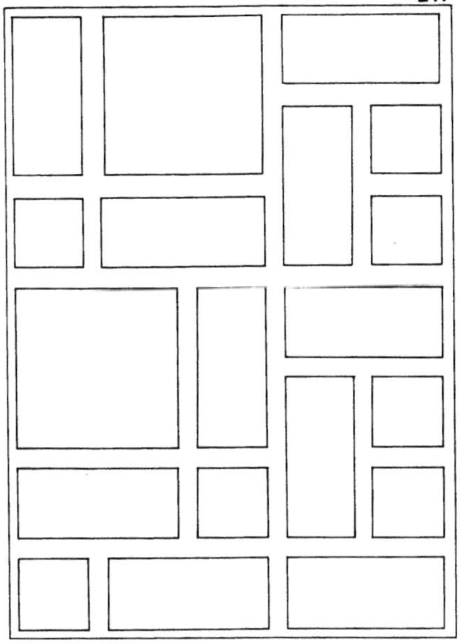

218

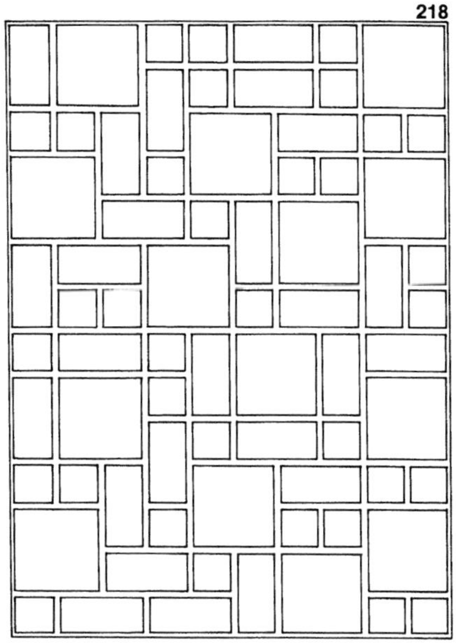

219

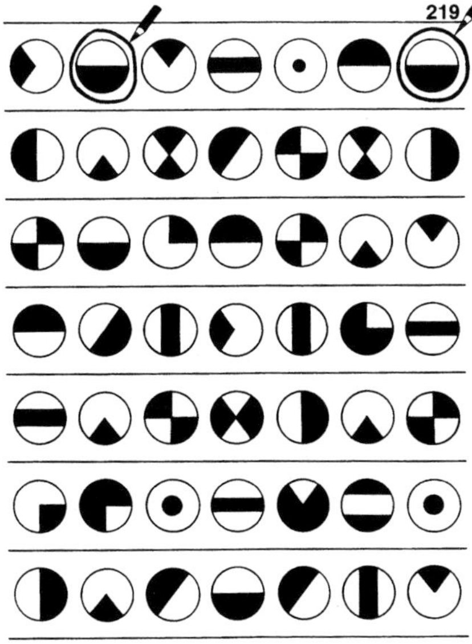

220

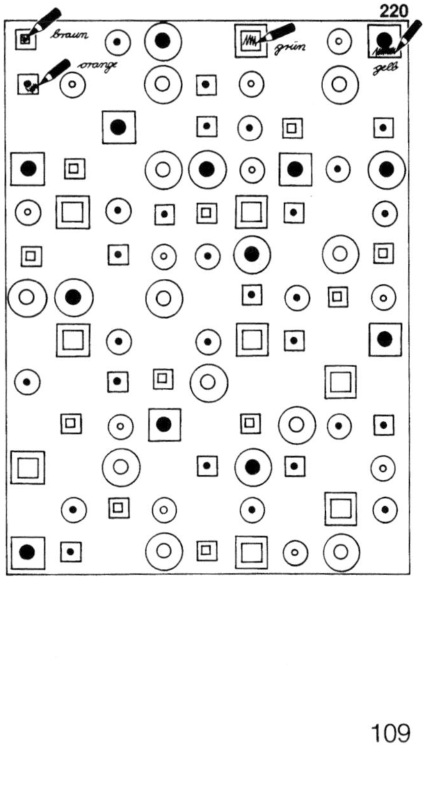

221

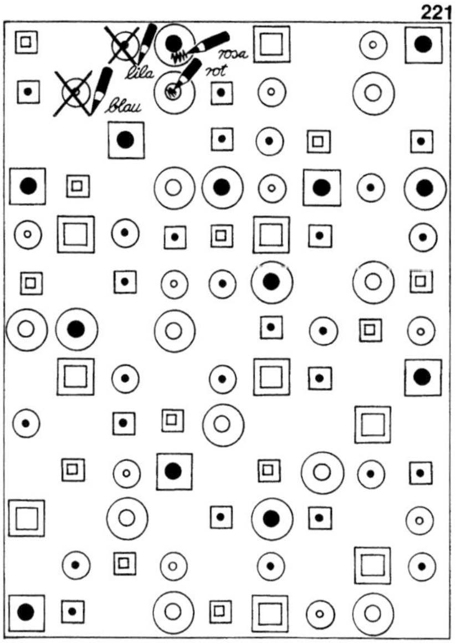

222

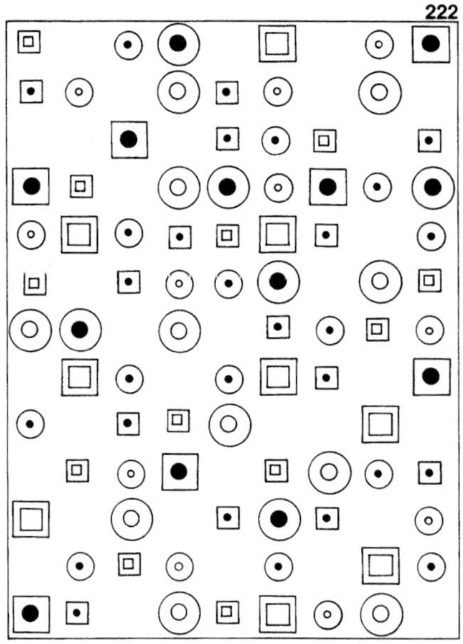

223

M	AM BAUM SIND ÄSTE.
E	DER APFEL IST REIF.
T	DIE BLUME IST ROT.
I	IM LADEN SIND KINDER.
a	Im Park steht ein altes Haus.
s	Das Wasser ist sehr sauber.
f	Das Schiff fährt nach Kiel.
m	Auf dem Baum sitzen Amseln.

224

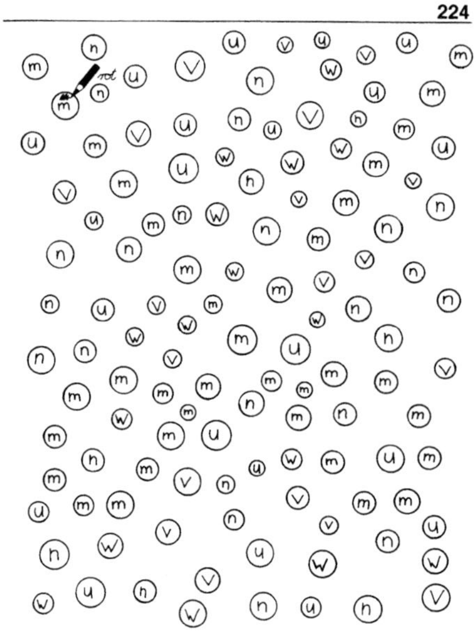

225*

J	x	v	X	j	J	V	j	x	W
x	J	W	v	V	w	v	W	V	X
j	v	w	J	W	X	x	w	j	J
J	W	X	j	J	j	v	V	v	x
j	x	W	V	v	W	w	X	J	V
J	v	V	x	W	x	v	V	v	x
X	V	v	V	X	w	X	v	V	j
v	j	x	W	w	V	v	w	X	J
X	V	v	V	J	j	J	x	w	j
j	J	W	X	x	w	j	W	V	J
x	v	w	V	W	v	V	w	j	X
w	X	J	v	j	J	x	V	X	j

226*

Z	C	i	c	z	Z	l	z	C	S
C	Z	S	i	l	s	i	S	l	c
z	i	s	Z	S	c	C	s	z	Z
Z	S	c	z	Z	z	i	l	i	C
z	C	S	l	i	S	s	c	Z	l
Z	i	l	C	S	C	i	l	i	C
c	l	i	l	c	s	c	i	l	z
i	z	C	S	s	l	i	s	c	Z
c	l	i	l	Z	z	Z	C	s	z
z	Z	S	c	C	s	z	S	l	Z
C	i	s	l	S	i	l	s	z	c
s	c	Z	i	z	Z	C	l	c	z

227*

f	b	m	d	t	f	n	t	b	z
b	f	z	m	n	s	m	z	n	d
t	m	s	f	z	d	b	s	t	f
f	z	d	t	f	t	m	n	m	b
t	b	z	n	m	z	s	d	f	n
f	m	n	b	z	b	m	n	m	b
d	n	m	n	d	s	d	m	n	t
m	t	b	z	s	n	m	s	d	f
d	n	m	n	f	t	f	b	s	t
t	f	z	d	b	s	t	z	n	f
b	m	s	n	z	m	n	s	t	d
s	d	f	m	t	f	b	n	d	t

228*

g (rot)	n	c	u	b	g	e	b	n	p
n	g	p	c	e	q	c	p	e	u
b	c	q	g	p	u	n	q	b	g
g	p	u	b	g	b	c	e	c	n
b	n	p	e	c	p	q	u	g	e
g	c	e	n	p	n	c	e	c	n
u	e	c	e	u	q	u	c	e	b
c	b	n	p	q	e	c	q	u	g
u	e	c	e	g	b	g	n	q	b
b	g	p	u	n	q	b	p	e	g
n	c	q	e	p	c	e	q	b	u
q	u	g	c	b	g	n	e	u	b

229*

g	n	c	u	b	g	e	b	n	p
n	g	p	c	e	q	c	p	e	u
b	c	q	g	p	u	n	q	b	g
g	p	u	b	g	b	c	e	c	n
b	n	p	e	c	p	q	u	g	e
g	c	e	n	p	n	c	e	c	n
u	e	c	e	u	q	u	c	e	b
c	b	n	p	q	e	c	q	u	g
u	e	c	e	g	b	g	n	q	b
b	g	p	u	n	q	b	p	e	g
n	c	q	e	p	c	e	q	b	u
q	u	g	c	b	g	n	e	u	b

230*

P	U (1)	K	u (2)	p	P	k	p	U	O (3)
U	P	O	K	k	o (4)	K	O	k	u
p	K	o	P	O	u	U	o	p	P
P	O	u	p	P	p	K	k	K	U
p	U	O	k	K	O	o	u	P	k
P	K	k	U	O	U	K	k	K	U
u	k	K	k	u	o	u	K	k	p
K	p	U	O	o	k	K	o	u	P
u	k	K	k	P	p	P	U	o	p
p	P	O	u	U	o	p	O	k	P
U	K	o	k	O	K	k	o	p	u
o	u	P	K	p	P	U	k	u	p

231*

P	U	K	u	p	P	k	p	U	O
U	P	O	K	k	o	K	O	k	u
p	K	o	P	O	u	U	o	p	P
P	O	u	p	P	p	K	k	K	U
p	U	O	k	K	O	o	u	P	k
P	K	k	U	O	U	K	k	K	U
u	k	K	k	u	o	u	K	k	p
K	p	U	O	o	k	K	o	u	P
u	k	K	k	P	p	P	U	o	p
p	P	O	u	U	o	p	O	k	P
U	K	o	k	O	K	k	o	p	u
o	u	P	K	p	P	U	k	u	p

232*

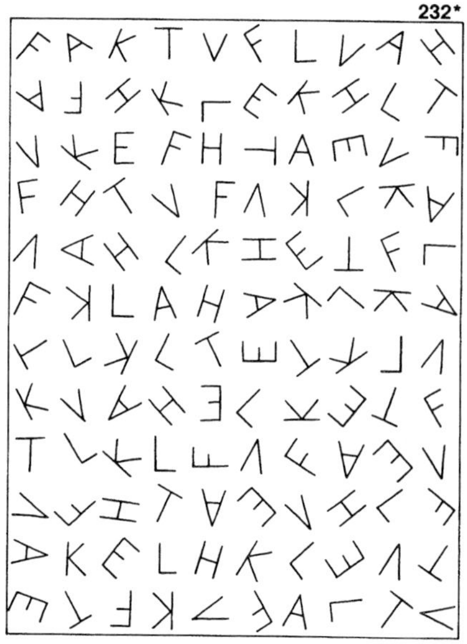

30. Verzerrte Druckbuchstaben

120 verzerrte Buchstaben (breit/schmal) sind auf einem Blatt angeordnet (233*/234*).
— Alle schmalen »A« sollen rot eingekreist werden (233*).
— Weitere Buchstaben, die entweder breit oder schmal sind, sollen herausgesucht und gekennzeichnet werden (233*/234*).
— Bestimmte Buchstaben, unabhängig davon, ob sie schmal oder breit sind, sollen herausgesucht werden (233*/234*).

Der Schwierigkeitsgrad variiert durch
— die Ähnlichkeit der Buchstaben untereinander,
— das Ausmaß der Verzerrung,
— die Anzahl der herauszusuchenden Buchstaben.

31. Ähnliche Buchstaben und Buchstabengruppen in Schreibschrift

In 10 Zeilen sind ähnliche Buchstaben/-gruppen angeordnet (235).
— Die am Anfang der Zeile vorgegebenen Buchstaben/-gruppen sollen herausgesucht und umkreist werden.

120 ähnliche Buchstaben und Buchstabengruppen sind auf einem Blatt angeordnet (236*-240*).
— Bestimmte Buchstaben/-gruppen sind herauszusuchen und zu kennzeichnen.
Die Aufgaben können verbal oder nichtverbal gegeben werden.

Der Schwierigkeitsgrad variiert durch
— die Ähnlichkeit der Buchstaben/-gruppen untereinander,
— die Anzahl der Buchstaben/-gruppen pro Zeile/Blatt,
— die Anzahl der herauszusuchenden Buchstaben.

233*

A (circled, rot)	R	H	R	A	A (circled, rot)	H	A	R	K
R	A	K	H	H	K	H	K	H	R
A	H	K	A	K	R	R	K	A	A
A	K	R	A	A	A	H	H	H	R
A	R	K	H	H	K	K	R	A	H
A	H	H	R	K	R	H	H	H	R
R	H	H	H	R	K	R	H	H	A
H	A	R	K	K	H	H	K	R	A
R	H	H	H	A	A	A	R	K	A
A	A	K	R	R	K	A	K	H	A
R	H	K	H	K	H	H	K	A	R
K	R	A	H	A	A	R	H	R	A

234*

A	R	H	R	A	A	H	A	R	K
R	A	K	H	H	K	H	K	H	R
A	H	K	A	K	R	R	K	A	A
A	K	R	A	A	A	H	H	H	R
A	R	K	H	H	K	K	R	A	H
A	H	H	R	K	R	H	H	H	R
R	H	H	H	R	K	R	H	H	A
H	A	R	K	K	H	H	K	R	A
R	H	H	H	A	A	A	R	K	A
A	A	K	R	R	K	A	K	H	A
R	H	K	H	K	H	H	K	A	R
K	R	A	H	A	A	R	H	R	A

235

m	n	u	m (circled)	n	m (circled)	w
n	n	w	u	e	n	v
l	h	l	e	b	e	l
e	a	l	h	e	l	b
b	l	h	b	e	l	e

mu	um	mu	nu	nu	um
an	na	un	ma	an	na
um	um	mu	nu	un	am
ie	ei	ie	ee	ie	ei
er	re	er	en	ne	en

236*

l	h	v	y	j	l	w	j	h	B
h	l	B	v	w	P	v	B	w	y
j	v	P	l	B	y	h	P	j	l
l	B	y	j	l	j	v	w	v	h
j	h	B	w	v	B	P	y	l	w
l	v	w	h	B	h	v	w	v	h
y	w	v	w	y	P	y	v	w	j
v	j	h	B	P	w	v	P	y	l
y	w	v	w	l	j	l	h	P	j
j	l	B	y	h	P	j	B	w	l
h	v	P	w	B	v	w	P	j	y
P	y	l	v	j	l	h	w	y	j

237*

M	le	i	el	N	M	j	N	le	ne
le	M	ne	i	j	en	i	ne	j	el
N	i	en	M	ne	el	le	en	N	M
M	ne	el	N	M	N	i	j	i	le
N	le	ne	j	i	ne	en	el	M	j
M	i	j	le	ne	le	i	j	i	le
el	j	i	j	el	en	el	i	j	N
i	N	le	ne	en	j	i	en	el	M
el	j	i	j	M	N	M	le	en	N
N	M	ne	el	le	en	N	ne	i	M
le	i	en	j	ne	i	j	en	N	el
en	el	M	i	N	M	le	j	el	N

238*

w	ll	n	ee	m	w	u	m	ll	l
ll	w	l	n	u	e	n	l	u	ee
m	n	e	w	l	ee	ll	e	m	w
w	l	ee	m	w	m	n	u	n	ll
m	ll	l	u	n	l	e	ee	w	u
w	n	u	ll	l	ll	n	u	n	ll
ee	u	n	u	ee	e	ee	n	u	m
n	m	ll	l	e	u	n	e	ee	w
ee	u	n	u	w	m	w	ll	e	m
m	w	l	ee	ll	e	m	l	u	w
ll	n	e	u	l	n	u	e	m	ee
e	ee	w	n	m	w	ll	u	ee	m

239*

um	an	ie	na	mu	um	ei	mu	an	ts
an	um	ts	ie	ei	st	ie	ts	ei	na
mu	ie	st	um	ts	na	an	st	mu	um
um	ts	na	mu	um	mu	ie	ei	ie	an
mu	an	ts	ei	ie	ts	st	na	um	ei
um	ie	ei	an	ts	an	ie	ei	ie	an
na	ei	ie	ei	na	st	na	ie	ei	mu
ie	mu	an	ts	st	ei	ie	st	na	um
na	ei	ie	ei	um	mu	um	an	st	mu
mu	um	ts	na	an	st	mu	ts	ei	um
an	ie	st	ei	ts	ie	ei	st	mu	na
st	na	um	ie	mu	um	an	ei	na	mu

240*

zt	ne	rt	en	tz	zt	tr	tz	ne	te
ne	zt	te	rt	tr	et	rt	te	tr	en
tz	rt	et	zt	te	en	ne	et	tz	zt
zt	te	en	tz	zt	tz	rt	tr	rt	ne
tz	ne	te	tr	rt	te	et	en	zt	tr
zt	rt	tr	ne	te	ne	rt	tr	rt	ne
en	tr	rt	tr	en	et	en	rt	tr	tz
rt	tz	ne	te	et	tr	rt	et	en	zt
en	tr	rt	tr	zt	tz	zt	ne	et	tz
tz	zt	te	en	ne	et	tz	te	tr	zt
ne	rt	et	tr	te	rt	tr	et	tz	en
et	en	zt	rt	tz	zt	ne	tr	en	tz

32. Ähnliche Buchstabenteile, Zeichen, Buchstaben und Zahlen

120 ähnliche Buchstabenteile, Zeichen, Buchstaben und Zahlen sind auf einem Blatt angeordnet (241*-252*).

— Gleiche Buchstaben/-teile, Zeichen oder Zahlen sind herauszusuchen und zu kennzeichnen.

Beispiele für das Eintragen nichtverbaler Anweisungen finden sich auf den Blättern Nr. 242*, 243* und 245*.

Der Schwierigkeitsgrad variiert durch
— die Ähnlichkeit der abgebildeten Zeichen untereinander,
— die Anzahl der Zeichen pro Blatt,
— die Menge der gestellten Aufgaben.

241*

W	Z	o	N	M	W	a	M	Z	V
Z	W	V	o	a	√	o	V	a	N
M	o	√	W	V	N	Z	√	M	W
W	V	N	M	W	M	o	a	o	Z
M	Z	V	a	o	V	√	N	W	a
W	o	a	Z	V	Z	o	a	o	Z
N	a	o	a	N	√	N	o	a	M
o	M	Z	V	√	a	o	√	N	W
N	a	o	a	W	M	W	Z	√	M
M	W	V	N	Z	√	M	V	a	W
Z	o	√	a	V	o	a	√	M	N
√	N	W	o	M	W	Z	a	N	M

242*

~~q~~	⊓	∧	⊔	p	q	v	p	⊓	m
⊓	q	m	∧	v	ɯ	∧	m	v	⊔
p	∧	ɯ	q	m	⊔	⊓	ɯ	p	q
q	m	⊔	p	q	p	∧	v	∧	⊓
p	⊓	m	v	∧	m	ɯ	⊔	q	v
q	∧	v	⊓	m	⊓	∧	v	∧	⊓
⊔	v	∧	v	⊔	ɯ	⊔	∧	v	p
∧	p	⊓	m	ɯ	v	∧	ɯ	⊔	q
⊔	v	∧	v	q	p	q	⊓	ɯ	p
p	q	m	⊔	⊓	ɯ	p	m	v	q
⊓	∧	ɯ	v	m	∧	v	ɯ	p	⊔
ɯ	⊔	q	∧	p	q	⊓	v	⊔	p

243*

q	⊓	∧	⊔ (1)	p	q	v (2)	p	⊓	m
⊓	q	m	∧	v	ɯ	∧	m	v	⊔
p	∧	ɯ	q	m	⊔	⊓	ɯ	p	q
q	m	⊔	p	q	p	∧	v	∧	⊓
p	⊓	m	v	∧	m	ɯ	⊔	q	v
q	∧	v	⊓	m	⊓	∧	v	∧	⊓
⊔	v	∧	v	⊔	ɯ	⊔	∧	v	p
∧	p	⊓	m	ɯ	v	∧	ɯ	⊔	q
⊔	v	∧	v	q	p	q	⊓	ɯ	p
p	q	m	⊔	⊓	ɯ	p	m	v	q
⊓	∧	ɯ	v	m	∧	v	ɯ	p	⊔
ɯ	⊔	q	∧	p	q	⊓	v	⊔	p

244*

q	⊓	∧	⊔	p	q	v	p	⊓	m
⊓	q	m	∧	v	ɯ	∧	m	v	⊔
p	∧	ɯ	q	m	⊔	⊓	ɯ	p	q
q	m	⊔	p	q	p	∧	v	∧	⊓
p	⊓	m	v	∧	m	ɯ	⊔	q	v
q	∧	v	⊓	m	⊓	∧	v	∧	⊓
⊔	v	∧	v	⊔	ɯ	⊔	∧	v	p
∧	p	⊓	m	ɯ	v	∧	ɯ	⊔	q
⊔	v	∧	v	q	p	q	⊓	ɯ	p
p	q	m	⊔	⊓	ɯ	p	m	v	q
⊓	∧	ɯ	v	m	∧	v	ɯ	p	⊔
ɯ	⊔	q	∧	p	q	⊓	v	⊔	p

245*

246*

247*

248*

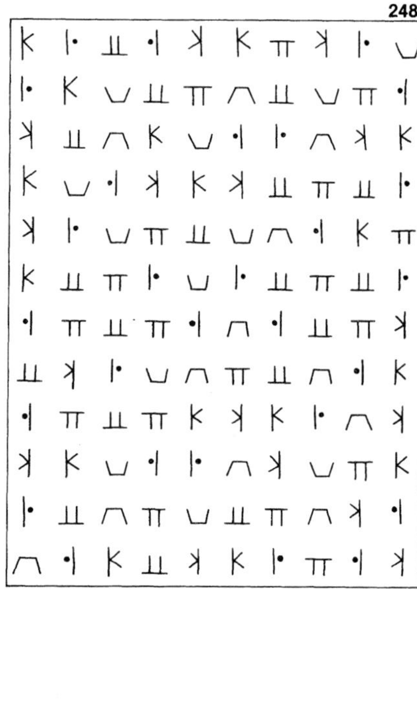

249*

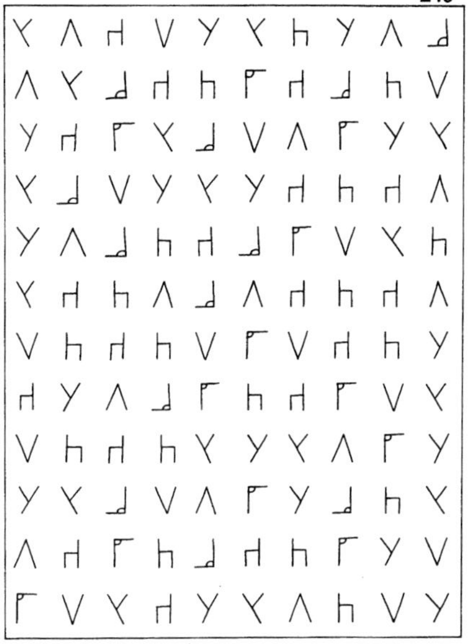

250*

251*

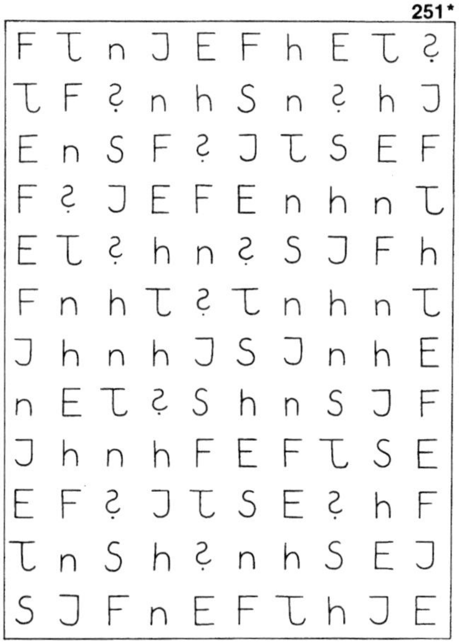

252*

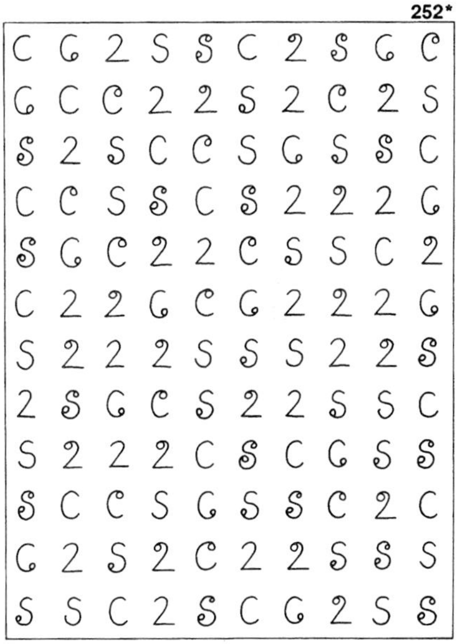

33. Oberlängen von Druckbuchstaben

120 Oberlängen von Druckbuchstaben sind über ein Blatt verteilt (253*-256*).
— Bestimmte Oberlängen von Druckbuchstaben sind herauszusuchen und (durch Umkreisen) zu kennzeichnen.
Die Blätter entsprechen den Arbeitsblättern Nr. 155* und 156* in Kapitel II/20, »Fehlendes ergänzen«. Dort werden die Oberlängen zu Buchstaben ergänzt.

Der Schwierigkeitsgrad variiert durch
— die Ähnlichkeit der Oberlängen untereinander,
— die Anzahl der Oberlängen pro Blatt,
— die Zahl der gestellten Aufgaben,
— die Art der Aufgabenstellung.

253*

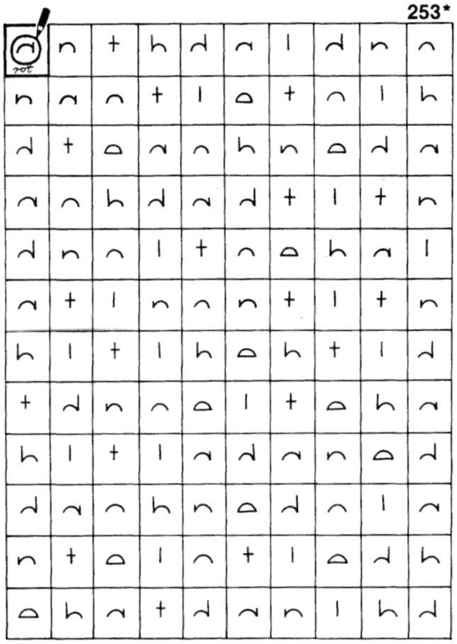

254*

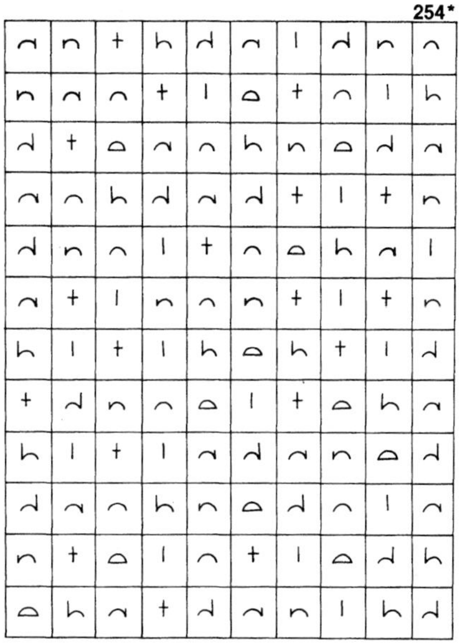

255*

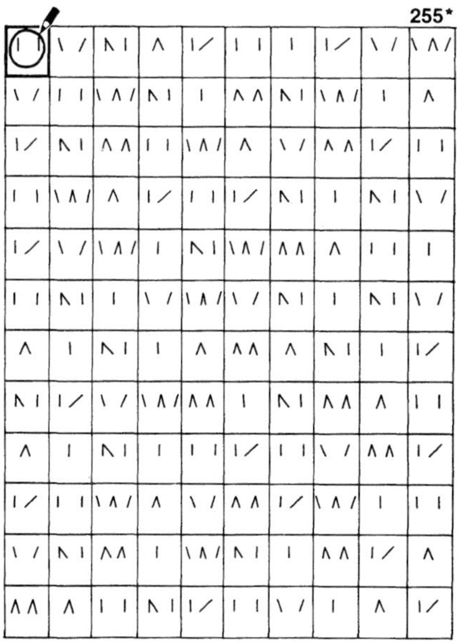

256*

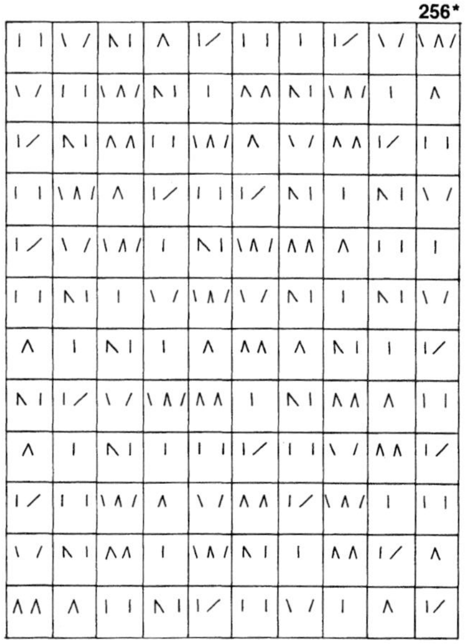

Literaturverzeichnis

Aeschlimann, B. und U.: beobachte – überlege. Konzentrations- und Kombinationstraining. Bd. 1 und 2. Zürich 1975 und 1976.

Angermaier, M.: Sprache und Konzentration bei Legasthenie. Göttingen 1974.

Baake, H./Schiffel, M.: Schulschwäche vermindern. In: Hamburger Lehrerzeitung. 32. (58.) Jahrgang. Heft 6, 1980, S. 44 – 47.

Breuer, H./Weuffen, M.: Gut vorbereitet auf das Lesen- und Schreibenlernen? Berlin 1977[2].

Dijkstra, J./Vogel, H.: Übungen für Vorschulkinder. Bd. 1 und 2. MINI LÜK. Wilhelmshaven 1974.

Fackelmann, J.: hören und üben 1. Materialien zur akustischen Wahrnehmungsdifferenzierung für Legastheniker. München und Ansbach 1976[2].

Freie und Hansestadt Hamburg, Behörde für Schule, Jugend und Berufsbildung (Hrsg.): Richtlinien und Lehrpläne, Bd. I, Grundschule. Hamburg 1974, S. 30.

Freie und Hansestadt Hamburg, Behörde für Schule, Jugend und Berufsbildung (Hrsg.): Richtlinien für die Erziehung in Vorschulklassen, Band VII der Reihe Richtlinien und Lehrpläne. Hamburg 1975, S. 145 – 150.

Frostig, M.: Wahrnehmungstraining, für deutsche Verhältnisse bearb. und hrsg. von A. und E. Reinartz. Dortmund 1974.

Gagné, R. M.: Die Bedingungen des menschlichen Lernens. Hannover 1973[3].

Grunwald, A.: Sprachtherapie – Praktische Anleitungen zur Diagnose und Therapie sprachgestörter und entwicklungsbehinderter Kinder. Hamburg 1979.

Gygax, E./Oswald, H.: Übungsblätter für den Unterricht lese-rechtschreibschwacher Kinder. Winterthur und Radolfzell o. J.

Hehlmann, W.: Wörterbuch der Pädagogik. Stuttgart 1964[7].

Kanter, G. O.: Neuere Ergebnisse der Entwicklungspsychologie und ihre Konsequenzen für die Didaktik und Methodik der Sonderschule für Lernbehinderte. In: Baier, H./Klein, G. (Hrsg.): Aspekte der Lernbehindertenpädagogik. Berlin 1973.

Kanter, G. O.: Lernbehinderungen, Lernbehinderte, deren Erziehung und Rehabilitation. In: Deutscher Bildungsrat (Hrsg.): Gutachten und Studien der Bildungskommission. Sonderpädagogik 3. Band 34. Stuttgart 1974, S. 117 – 234.

Kleber, E. W.: Lernverhalten von Schulversagern. Weinheim und Basel 1973.

Kowarik, O./Kraft, J.: Kannst du das auch? Funktionstraining für die Vorschule und die 1. Schulstufe. Wien 1971 a.

Kowarik, O./Kraft, J.: Funktionstraining für lese- und rechtschreibschwache Schüler. Heft 1 und 2. Wien 1971 b.

Kowarik, O./Kraft, J.: Die Legasthenie und ihre methodische Behandlung. Wien und München 1973.

Lauster, U.: Konzentrationsspiele. Heft 1 und 2. Reutlingen 1975.

v. Maydell, I./Vogel, H.: Übungen für Vorschulkinder. Bd. 3 und 4. MINI LÜK. Wilhelmshaven 1974.

Meyer, H. und R.: Lese-Rechtschreibschwäche und ihre Behandlung im Unterricht (II). Hannover 1972[4].

Miettinen, M./Sauvo, T.: Spiele zum Lernen. Heft 1 bis 4. Reinbek 1979.

Müller, H.: Bergedorfer Bilderbögen zur Sprecherziehung. Hamburg 1976.

Müller, H.: Bergedorfer Vergleichsbilder. Eine Ergänzungsserie zu den Bergedorfer Bilderbögen zur Sprecherziehung. Hamburg 1981.

Oswald, H.: Vorbeugende Maßnahmen im Unterricht. In: Ingenkamp, K. (Hrsg.): Lese- und Rechtschreibschwäche bei Schulkindern. Weinheim und Berlin 1967[3], S. 272 – 279.

Ottmann, A.: Entwicklung und Evaluation eines Mathematikcurriculums für Ausländerkinder. Frankfurt am Main 1979a.

Ottmann, A.: Mathematik für Ausländerkinder. Mappe 1 bis 9. Donauwörth 1979b und 1980.

Ottmann, A./Heidtmann, H./Stumpf, W.: Wir fördern mathematisches Denken bei Kindern mit Sprachschwierigkeiten. Hamburg 1980.

Reinartz, A. und E./Reiser, H. (Hrsg.): Wahrnehmungsförderung behinderter und schulschwacher Kinder. Berlin 1979.

Richtlinien und Lehrpläne für die Schule für Lernbehinderte (Sonderschule) in Nordrhein-Westfalen, 1973, S. 136–142.

Schäfer, O.: heute für morgen. Sprachfibel 1. Bonn – Bad Godesberg 1975.

Schäfer, O.: Schäfer-Fibel. Bd. 1 bis 3. Bad Kreuznach 1978.

Schiøler, K. und E.: Malen – Kleben – Denken. Bd. 1 und 2. Reinbek 1979[4].

Schmiedeberg, J./Anselm, W./Mißberger, V./Rumor, M.: Konzentrations- und Orientierungsübungen. Bonn 1975[8].

Skowronek, H.: Lernen und Lernfähigkeit. München 1972[4].

Spiekers, R.: Zur optischen Wahrnehmung von einfachen Zeichen. In: Reinartz, A. und E./ Reiser, H. (Hrsg.): Wahrnehmungsförderung behinderter und schulschwacher Kinder. Berlin 1979, S. 187–202.

Straub, A.: Die Förderung des Legasthenikers in der Schule. Stuttgart 1974.

Teumer, J.: Zur Notwendigkeit und Praxis der Früherfassung und Frühförderung sensomotorischer Voraussetzungen. In: Zeitschrift für Heilpädagogik, 28. Jahrgang, Heft 6, 1977, S. 365–376.

Thiemann, R.: Rätselpeter 1 und 2. Freising 1977[5].

Tschinkel, I.: Heute mal ich – morgen schreib ich. Stufentraining zum Schreiben. Wien und München 1972.

Tschinkel, I.: Intelligenz-Sprach-Schreib-Training. Arbeitsblätter für die Schulreife-Entwicklungshilfe. Wien und München o. J.[3]

Valtin, R.: Legasthenie – Theorien und Untersuchungen. Weinheim und Basel 1974[3].

Wocken, H.: Ursachen von Lernbehinderung als Orientierungspunkte unterrichtlichen Handelns? In: Zeitschrift für Heilpädagogik, 28. Jahrgang, Heft 3, 1977, S. 149–156.

BERGEDORFER® KOPIERVORLAGEN

Gerold Guggenbühl:	**Band**
Einführung des Alphabets	100
ABC-Wörter	101
Ursula Lassert/Anton Ottmannn:	
Geometrie - 5./6. Schuljahr	102
Heinz-Lothar Worm:	
Alte und neue Lieder - 1.-4. Schuljahr	103
Playback-Kassette zu Bd. 103, Teil 1, Best.-Nr. 2400	
Playback-Kassette zu Bd. 103, Teil 2, Best.-Nr. 2401	
Playback-CD zu Bd. 103, Teil 1, Best.-Nr. 2396	
Playback-CD zu Bd. 103, Teil 2, Best.-Nr. 2397	
Alte und neue Lieder - 5.-8. Schuljahr	104
Playback-Kassette zu Bd. 104, Teil 1, Best.-Nr. 2402	
Playback-Kassette zu Bd. 104, Teil 2, Best.-Nr. 2403	
Playback-CD zu Bd. 104, Teil 1, Best.-Nr. 2398	
Playback-CD zu Bd. 104, Teil 2, Best.-Nr. 2399	
Heiner Müller:	
Kombispiele zum Englischlernen I	105
Englischlernpuzzles I	106
Kombispiele zum Englischlernen II	107
Englischlernpuzzles II	108
Wolfgang Memmert:	
Bewegliche Flachmodelle für den Biologieunterrricht	109
Robert Gunkel:	
Sprachförderung I - Wörter und Bilder	110
Sprachförderung II - Satzbildung	111
Gerold Guggenbühl:	
Reizwort-Geschichten zur Aufsatzerziehung - 2./3. Schuljahr	113
Gerhard Goldau/Annemarie Kiehne-Fröhner:	
Einfaches Rechnen 1 - Pränumerischer Bereich	114
Gerhard Goldau:	
Einfaches Rechnen 2 - Zahlenraum bis 3	115
Einfaches Rechnen 3 - Zahlenraum bis 6	116
Einfaches Rechnen 4 - Zahlenraum bis 12	117
Einfaches Rechnen 5 - Zahlenraum bis 20	118
Rosa Skoda-Somogyi:	
Schulfrühling 2 Mappen mit insgesamt 115 Arbeitsblättern inkl. Begleitband - Best.-Nr. 2141	119
Schulfrühling 2 Mappen mit insgesamt 115 Arbeitsblättern ohne Begleitband - Best.-Nr. 2142	119
Begleitband (einzeln) - Best.-Nr. 2143	

Heiner Müller:	**Band**
Erdkunde-Bingo Deutschland	120
Erdkunde-Bingo Europa	121
Robert Gunkel:	
Wir hören das ABC	123
Wir sehen das ABC	125
Ursula Lassert:	
Grammatikübungen - 5. Schuljahr	126
Grammatikübungen - 6. Schuljahr	127
Rechtschreibübungen - 5. Schuljahr	128
Rechtschreibübungen - 6. Schuljahr	129
Heinz-Lothar Worm:	
Theaterstücke für das 1./2. Schuljahr	130
Theaterstücke für das 3./4. Schuljahr	131
Theaterstücke für das 5./6. Schuljahr	132
Franz Josef Schwaller:	
Vorübungen zum geometrischen Zeichnen	133
Robert Gunkel/Heiner Müller:	
Lesenüben mit Mundbildern	134
Heiner Müller:	
Lesespaß mit Selbstkontrolle - 2./3. Schuljahr	135
Wolfgang Memmert:	
Bewegliche Flachmodelle für den Sachunterricht	136
Gerold Guggenbühl:	
Kniffeln, Knobeln, Rätsel lösen - 3./4. Schuljahr	137
Heiner Müller:	
Alltagsbildgeschichten - 1.-4. Schuljahr	138
Alltagsbildgeschichten - 5.-8. Schuljahr	139
Heiner Müller/Marion Wendt:	
Bildfolgen zur Gesprächserziehung - 8.-12. Schuljahr	140
Gerold Guggenbühl:	
Wort-Ketten-Karussell - 3./4. Schuljahr	141
Heiner Müller:	
Rechnen mit Kontrollstreifen - 1. Schuljahr	142
Rechnen mit Kontrollstreifen - 2. Schuljahr	143
Rechnen mit Kontrollstreifen - 3. Schuljahr	144
Rechnen mit Kontrollstreifen - 4. Schuljahr	145
Ute Cramer/Ulrike Marx/Gabriele Steffen:	
Schreibstationen in VA - (zu Lesenlernen mit Hand und Fuß)	151

BERGEDORFER® KLAMMERKARTEN

- eignen sich aufgrund der motivierenden Selbstkontrollmöglichkeit besonders für Freie Arbeit, Förderunterricht, Kleingruppenarbeit, Werkstattunterricht und differenzierende Maßnahmen in Grund- und Hauptschulklassen.
- Jede Kartei enthält 48 Klammerkarten im Format DIN A5.
- Als Zusatzmaterialien werden Klammern in den Farben Blau, Rot, Gelb und Weiß in handlicher Größe (von 3,5 cm Länge), Steckleisten, Klarsichthüllen und Aufbewahrungskästen zur Unterbringung von maximal Karteien angeboten.

HEINER MÜLLER:

Best.-Nr.	
	Mathematik:
2500	Zahlen und Mengen bis 10 - 1. Schuljahr
2501	Addition und Subtraktion bis 10 - 1. Schuljahr
2502	Addition und Subtraktion bis 20 - 1. Schuljahr
2503	Addition und Subtraktion bis 100 - 1./2. Schuljahr
2504	Das kleine Einmaleins - 2./3. Schuljahr
2505	Das große Einmaleins - 3./4. Schuljahr
2506	Addition und Subtraktion bis 1 000 - 3. Schuljahr
2507	Multiplikation und Division bis 1 000 - 3. Schulj.
2508	Addition und Subtraktion bis 1 000 000 und darüber - 4. Schuljahr
2509	Multiplikation und Division bis 1 000 000 und darüber - 4. Schuljahr
	Deutsch:
2510	Übungen zur Wortgliederung - 2.- 4. Schuljahr
2511	Lesen in Wortfeldern 1 - ab 2. Schuljahr
2512	Lesen in Wortfeldern 2 - ab 2. Schuljahr
2513	Sprachbetrachtung 1 - ab 2. Schuljahr
2514	Sprachbetrachtung 2 - ab 2. Schuljahr
2515	Sprachbetrachtung 3 - 3. Schuljahr
2516	Sprachbetrachtung 4 - 4. Schuljahr
2517	Sprachbetrachtung 5 - 5. Schuljahr
2518	Sprachbetrachtung 6 - 6. Schuljahr
2519	Übungen zum Grundwortschatz 1 - ab 1. Schulj.
2520	Übungen zum Grundwortschatz 2 - ab 2. Schulj.
2521	Übungen zum Grundwortschatz 3 - 3. Schuljahr
2522	Übungen zum Grundwortschatz 4 - 4. Schuljahr
2523	Rechtschreiben 1 - 1. Schuljahr
2524	Rechtschreiben 2 - 2. Schuljahr
2525	Rechtschreiben 3 - 3. Schuljahr
2526	Rechtschreiben 4 - 4. Schuljahr
2532	Lesekarten 1
2533	Lesekarten 2 (siehe **Bergedorfer Kopiervorlagen** Band 98 und 99)

Best.-Nr.	
	Startsets:
2534	Startset Mathematik: Zahlen und Mengen bis 10 und Addition und Subtraktion bis 10
2535	Startset Deutsch: Übungen zum Grundwortschatz 1 + 2
2536	Startset Deutsch: Rechtschreiben 1 + 2
2537	Startset Deutsch: Sprachbetrachtung 1 + 2
	Zubehör:
2557	Blankoklammerkarten - 1./2. Schuljahr
2558	Blankoklammerkarten - 3./4. Schuljahr
2560	100 Klammern (blau, rot, gelb, weiß)
2563	400 Klammern (blau, rot, gelb, weiß)
2561	Aufbewahrungskasten DIN A5
2562	Steckleiste
2570	Klammerkarten-Paß (25 Stück)
2573	Karteikartentaschen (100 Stück), DIN A5